지구를 위해 달려라
미래 자동차

내일의 공학 05
지구를 위해 달려라, 미래 자동차

초판 1쇄 펴낸날 2023년 11월 27일

글	송은영
그림	이주미
펴낸이	홍지연
편집	홍소연 고영완 이태화 전희선
	조어진 이수진 차소영 서경민 김신애
디자인	권수아 박태연 박해연 정든해
마케팅	강점원 최은 신종연
경영지원	정상희 여주현

펴낸곳	(주)우리학교
출판등록	제313-2009-26호(2009년 1월 5일)
주소	04029 서울시 마포구 동교로12안길 8
전화	02-6012-6094
팩스	02-6012-6092
홈페이지	www.woorischool.co.kr
이메일	woorischool@naver.com

ⓒ송은영, 2023
ISBN 979-11-6755-239-6 (73550)

- 책값은 뒤표지에 적혀 있습니다.
- 잘못된 책은 구입한 곳에서 바꾸어 드립니다.

- 사진 저작권
  17, 39쪽 ⓒ셔터스톡
  45, 80, 97, 115쪽 ⓒ헬로아카이브

- 이 책은 산업통상자원부의 지원을 받아 NAEK 한국공학한림원과 (주)우리학교가 발간합니다.

만든 사람들
편집 탁산화
디자인 이든디자인   **아트디렉팅** Studio Marzan

내일의 공학 05

지구를 위해 달려라
미래 자동차

송은영 글 ◆ 이주미 그림

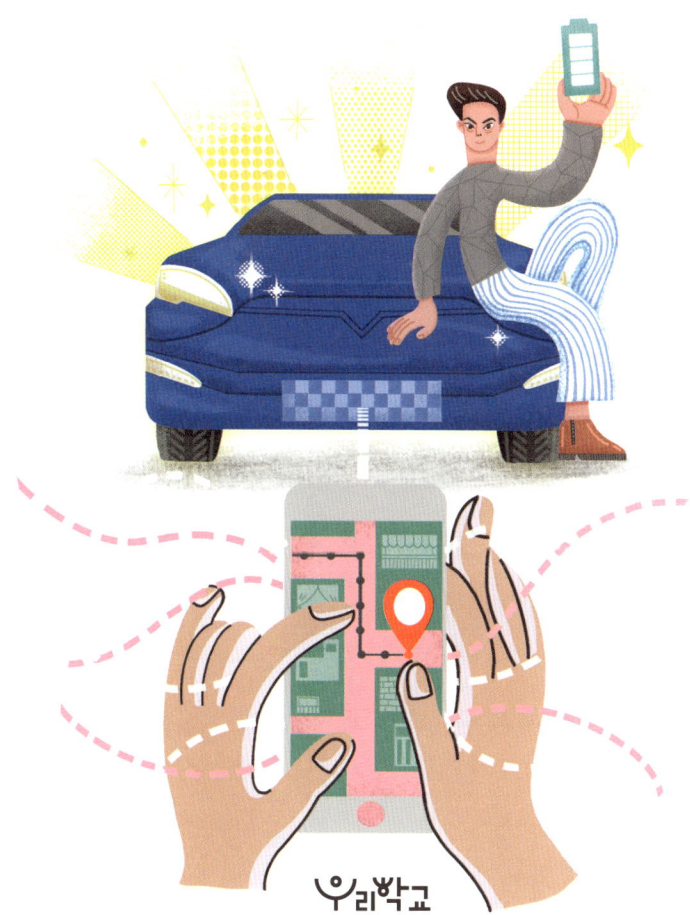

우리학교

머리말

지구를 살리는 노력에 함께해요!

기후 변화 현상이 전 세계적으로 심각해지고 있어요. 지구의 기온이 상승하면서 한쪽에선 극심한 강우와 홍수가 일어나고, 다른 쪽에선 극심한 가뭄이 발생하고 있어요. 오징어와 명태 같은 어류의 서식지가 달라졌고, 북극곰과 펭귄 같은 극지방 동물의 서식 환경이 바뀌었지요.

지구가 점점 위태로워지고 있어요. 이러한 현상이 일어난 데에는 지구 온난화 물질이 깊이 관여하고 있어요. 여러분도 알고 있겠지만 발전소와 공장, 석유를 연료로 사용하는 자동차 등에서 지구 온난화를 일으키는 물질을 많이 방출하고 있어요.

《지구를 위해 달려라, 미래 자동차》에서는 인류를 풍요롭게 해 준 자동차와 지구 환경을 오염시킨 자동차의 두 얼굴을 살펴보며 지구를 살리려는 공학자들의 노력을 이야기하고 있어요.

먼저 석유를 대체할 수 있는 신재생 에너지의 필요성을 설명해요. 그리고 석유를 연료로 사용하는 자동차가 달리면 달릴수록 지구가 점점 더 아파진다는 사실을 알려줘요. 이러한 문제를 해결할 대안으로 주목받는 전기 자동차, 수소 자동차 그리고 다양한 친환경 소재에 대해서도 설명하지요.

마지막 장에서는 21세기의 모빌리티와 미래 사회의 모습에 대해 이야기하고,

우리나라 각 지역에서 추진하고 있는 모빌리티 혁신 사업들을 소개해요.
지구는 이제 더워지는 정도를 넘어 펄펄 끓어오르고 있어요. 그만큼 지구를 살리려는 노력이 그 어느 때보다 절실해졌어요. 지구를 지키려는 공학자들의 노력에 한껏 응원을 보내며 우리 모두 그러한 노력에 한마음 한뜻으로 함께하도록 해요!

2023년의 겨울을 맞이하며 일산에서
송은영

목차

1. 더 멀리, 더 빨리, 더 안전하게

누구나 꿈의 자동차가 있다 ◆ 10
삶의 풍경을 바꾼 자동차 ◆ 15
더 나은 변화가 필요해 ◆ 18

환경 탐정 끆와 공학특공대 ◆ 22
공기로도 달릴 수 있어!

2. 자동차가 더 이상 달리지 못한다면

자동차의 두 얼굴 ◆ 26
내뿜을수록 지구가 아프다고? ◆ 28
달릴수록 지구가 멍든다고? ◆ 34

환경 탐정 끆와 공학특공대 ◆ 38
탄소를 줄이자!

3. 지구를 살리는 자동차들

친환경 자동차의 등장 ◆ 42
중간 단계의 자동차 ◆ 46
전기 자동차가 먼저라고? ◆ 50
배터리가 핵심이다 ◆ 53
전기 자동차, 뭐가 좋을까? ◆ 55
달리면서 충전한다 ◆ 58
전기 자동차의 미래 ◆ 60

환경 탐정 끆와 공학특공대 ◆ 62
다람쥐가 내 차를 먹었어요!

4. 미래를 향해 가는 자동차들

미래를 위한 움직임 ◆ 66
수소, 어디까지 알고 있니? ◆ 68
수소는 어떻게 만들고 저장할까? ◆ 72
수소 자동차의 미래 ◆ 75
친환경 소재가 답이다 ◆ 79

환경 탐정 꾸와 공학특공대 ◆ 82
탄소로 자동차를 만든다고?

5. 모빌리티의 오늘과 내일

21세기의 모빌리티 ◆ 86
스스로 알아서 달린다 ◆ 93
공유 서비스가 삶을 바꾼다 ◆ 98
지구를 살리는 다양한 모빌리티 ◆ 101
이제 전국은 모빌리티 사회 ◆ 106
21세기의 시대적 사명 ◆ 110

환경 탐정 꾸와 공학특공대 ◆ 114
미래 모빌리티로 지역을 혁신하자!

참고 자료 ◆ 116

더 멀리, 더 빨리, 더 안전하게

누구나 꿈의 자동차가 있다

20세기는 현대 과학 기술이 탄생하고 활짝 꽃피운 시기예요. 이 시기에는 인류의 삶을 편리하게 해 준 여러 발명품이 세상에 등장했어요. 그중에 자동차가 빠질 수는 없겠지요? 자동차는 현대 과학 기술이 만들어 낸 발명품들 가운데에서도 인간을 가장 편하게 해 준 발명품이라고 할 수 있어요.

자동차는 사람들이 원하는 곳으로 빠르고 편하게 이동하도록 도와줘요. 우리는 자동차를 타고 학교에 가고, 먼 곳에 있는 친구도 만나러 가요. 자동차에서 먹고 자고 쉬며 여행을 즐기기도 하지요. 기차나 전철이 가지 못하는 곳도 자동차는 갈 수 있어요. 갑자기 아플 때 응급실까지 빠르게 가는 데 자동차만큼 이로운 것이 없지요. 어디 이뿐인가요? 자동차는 짐을 실어 나르고 여러 물자를 필요한 곳으로 옮길 수 있게 도와줘요. 우리는 자동차 덕분에 힘을 줄이고, 시간을 아끼고, 여가를 즐길 수 있어요.

자동차, 자전거, 전동 킥보드, 배, 기차, 비행기처럼 사람이나 물건을 이동시키는 것들을 '이동 수단' 또는 '교통 수단'이라고 해요. 요즘에는 '모빌리티'라고도 부르지요. 인공 지능 자율 주행차나 하늘을 나는 택시, 우주까지 가는 자동차처럼 꿈을 현실로 만드는 자동차들도 모두 모빌리티랍니다.

이동 수단은 처음 등장한 이후, 필요에 따라 계속해서 새로운 모습으로 발전해 왔어요. 가축의 힘을 빌리는 이동 수단, 증기의 힘을 빌리는 이동 수단, 석유의 힘을 빌리는 이동 수단처럼요. 이러한 것들이 등장했을 때 우리의 삶은 엄청나게 변했어요.

가축의 힘을 빌리는 이동 수단은 역사가 오래된 이동 수단이에요. 기원전부터 사용했거든요. 수레와 마차가 대표적이에요.

오늘날의 자동차와 비교해 하찮게 보인다거나 오래되었다고 해서 우습게 보면 안 돼요. 수레와 마차가 발명되기 전까지 인류는 짐을 손에 들거나 머리에 인 채로 먼 곳까지 걸어 다녔거든요. 보통 힘이 드는 게 아니었어요.

그런데 수레와 마차를 이용하면서 상황이 바뀌었어요. 힘을 들이지 않고 물체를 옮기고 빠르게 이동하게 되면서 시간과 노동력을 아끼게 되었지요. 남는 시간과 노동력을 농사일이나 집안일에 쓰면서 사람들의 삶은 전보다 한층 여유롭고 풍요로워졌어요.

18세기가 되자 증기의 힘을 빌리는 이동 수단이 등장했어요. 칙칙폭폭 소리를 내며 달리는 증기 기관차가 탄생한 거예요.

증기 기관이 등장하면서 대량 운송이 가능해졌어요. 광산에서 캐낸 거대한 양의 석탄을 도시로 옮겨 공장을 돌리는 에너지원으로 사용할 수 있게 되었지요. 수레와 마차를 이용해 물건을 옮기던 시절에는 꿈꿀 수 없던 일이 가능해진 거예요.

증기 기관이 등장한 이후 도시화가 빠르게 이루어졌고, 농업 중심의 산업이 공업 중심의 산업으로 바뀌었어요. 산업 혁명이 일어났지요. 기술과 공학이 인간의 삶을 공업화와 도시화로 이끌기 시작했어요.

증기 기관은 기차뿐만 아니라 자동차에도 사용되었어요. 하지만 증기 기관차가 대성공을 이루며 산업 혁명을 이끈 일등 공신이 된 것과 달리 증기 자동차는 잠깐 등장했다가 바로 사라지고 말았어요. 당시 마차 산업을 이끌던 사람들 때문이었지요. 증기 자동차는 요즘 말로 폭망했고, 이후 석유를 연료로 이용하는 자동차가 등장했어요.

삶의 풍경을 바꾼 자동차

세계적인 자동차 회사인 포드의 창업자이자, 20세기 초 미국의 자동차 왕으로 유명한 헨리 포드는 '모든 차고에 자동차 한 대씩' 두는 것을 목표로 삼았어요. 비싼 가격 때문에 부유층만 타던 자동차를 평범한 사람들도 탈 수 있게 하고 싶었거든요.

석유를 연료로 하는 자동차가 세상에 나오게 되었습니다. 이 자동차가 귀족과 부유층의 전유물이 되어선 안 될 것입니다. 서민이나 노동자도 마음껏 자동차를 구매해서 타고 다닐 수 있도록 해야 할 것입니다.

헨리 포드의 이러한 꿈이 실현되려면 자동차 가격이 낮아져야만 했어요. 이를 위해 헨리 포드가 내놓은 아이디어는 공장을 자동화하고, 조립 라인을 혁신적으로 구축하는 것이었어요. 그 결과 자동차 가격은 대폭 낮아졌고, 서민과 노동자가 자동차를 운전하는 시대가 열렸지요.

헨리 포드의 이러한 노력 덕분에 많은 자동차가 도심 곳곳을 누비게 되었어요. 마찻길 중심이던 길이 자동차 중심의 도로로 바뀌면서 흙길은 시멘트와 아스팔트로 포장되었고, 고속 도로가 만들어졌어요.

마차를 이용했을 때는 며칠씩 걸리던 거리를 수 시간 안에 오갈 수 있게 되면서 집이 꼭 도심 한복판에 있을 필요가 없어졌어요. 주거지가 외곽으로 옮겨지면서 공기 좋은 곳에 새로운 주거 지역이 건설되었고, 도시는 넓어졌지요.

도시의 모습은 빠르게 변모했어요. 20세기 현대 문명의 도시 구조가 갖추어지기 시작한 거예요. 그리고 이즈음부터 증기 기관차가 디젤 기관차로 발전하기 시작했어요.

자동차가 등장하고 도로가 발달하면서 먼 곳까지 물건을 빠르게 운송할 수 있게 되었어요. 이는 산업 발전으로 이어졌고, 20세기 문명 발달의 뼈대가 되었지요. 하지만 자동차를 기반으로 한 산업 발달은 여러 가지 문제점도 만들어 냈어요. 무분별한 도시화는 자연과 생태계에 영향을 주었어요. 자동차의 수가 증가하면서 교통 체증이 생기고 교통사고가 늘었으며 소음 공해가 발생했지요.

그리고 무엇보다 환경을 파괴했어요. 자동차가 내뿜는 유해 물질이 대기를 오염시켰고 자동차의 연료인 석유가 연소하며 발생한 이산화 탄소가 지구 온난화에 영향을 주었거든요.

자동차와 매연

더 나은 변화가 필요해

이제는 환경을 오염시키지 않고 지구를 뜨겁게 만들지 않는 새로운 자동차가 절실해졌어요. 자동차가 만들어 내는 문제 중 상당수는 석유 때문에 생겨나요. 그래서 석유 대신, 환경을 오염시키지 않고 자동차를 움직이게 할 연료를 찾아야 해요.

그런데 지구를 살리려는 목적 말고도 새로운 연료가 필요한 이유는 또 있어요. 바로 기존에 연료로 사용하던 석유 에너지가 고갈되고 있다는 사실이지요.

자기 나라의 땅과 바다에서 석유를 생산하는 나라를 산유국이라고 해요. 대표적인 산유국은 미국, 사우디아라비아, 러시아, 이란, 캐나다, 중국, 이라크, 아랍에미리트, 쿠웨이트 등이에요.

석유 수출국 기구(OPEC)에 속해 있는 석유 수출국 중 많은 국가가 중동 지역에 분포해 있어요. 석유는 일부 지역에 주로 매장되어 있어 국제 정세에 따라 가격이 상승하거나 공급이 원활하지 못할 때가 많아요. 게다가 무한하게 사용할 수 없기 때문에 매장된 석유를 모두 사용하고 나면 많은 사람들이 불편을 겪을 거예요.

앞으로 석유는 얼마나 더 사용할 수 있을까요? 자원을 얼마나 채굴할 수 있는지 알려 주는 지표를 가채 연수라고 하는데, 일부 전문가들은 앞으로 40여 년 정도 석유를 채굴할 수 있을 것으로 예상하고 있어요. 40여 년 후가 되면 석유가 부족하단 이야기예요.

자동차가 없는 현대 사회를 상상할 수 있나요? 석유가 고갈되는 건 크나큰 문제지만, 그렇다고 해서 지금 당장 자동차를 사용하지 않을 수는 없어요. 현대 문명 사회를 포기하고 말과 마차를 이용하던 과거 시대로 돌아가겠단 말과 같으니까요.

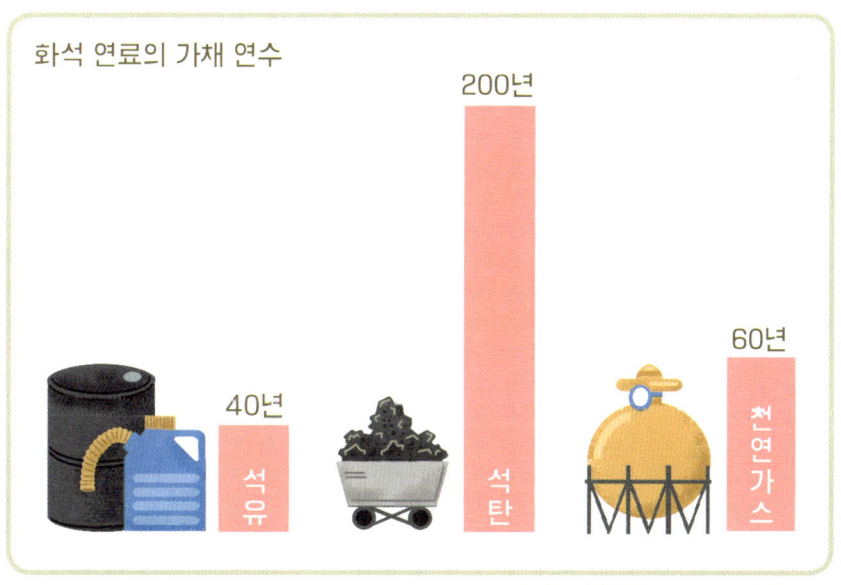

출처: 교육부 블로그 2020년 자료

자동차를 계속 이용해야 하는 상황에서 환경 오염과 석유의 고갈이 걱정된다면 어떻게 해야 할까요? 그래요, 석유를 대체할 수 있는 연료를 개발하면 될 거예요. 이러한 생각에서 나온 것이 바로 신재생 에너지예요.

신재생 에너지는 기존의 화석 연료를 재활용하거나, 재생 가능한 에너지를 변환시켜 이용하는 에너지를 말해요. 신재생 에너지는 석유처럼 고갈될 염려가 없고, 오염 물질이나 이산화 탄소를 적게 배출해 친환경적이지요.

이처럼 신재생 에너지를 활용해 석유 고갈에 대비하고, 지구도 살리자는 뜻에서 개발된 자동차가 친환경 자동차예요. 우리가 흔히 알고 있는 전기 자동차나 수소 자동차가 여기에 속하지요.

> **신재생 에너지**는 연료 전지나 수소 에너지 같은 신에너지와 햇빛, 물, 바람 등을 이용하는 재생 에너지를 합쳐 부르는 말이에요.

자동차를 계속 이용하려면
<u>석유를 대체할 수 있는 연료를</u>
개발해야 해요.

환경 탐정 뀨와 공학특공대

공기로도 달릴 수 있어!

이제는 친환경 자동차가 왜 대세인지 알겠다뀨. 나도 공기처럼 돈 안 드는 재료로 움직이는 자동차를 만들어 보고 싶다뀨!

공기로 움직이는 자동차는 이미 있습니닷! 압축 공기로 움직이는 이 자동차의 이름은 '에어팟'입니닷.

뭣이라? 누가 벌써 선수 쳤냐뀨!

프랑스와 인도의 공동 연구진이 압축 공기 자동차를 처음으로 개발했습니닷. 이 자동차는 압축한 공기를 조금씩 분출시켜서 달립니닷. 로켓이나 우주선이 연료를 분출시켜 나아가는 것처럼요.

공기를 어떻게 압축해 넣는데? 잘못해서 터지면 어떡하냐뀨?

공기는 충전소에서 충전합니닷. 압축 공기 자동차의 최대 시속은 약 80킬로미터, 최대 거리는 약 220킬로미터라고 합니닷.

충전만 쉽게 할 수 있다면 돈이 안 드는 최고의 자동차가 될 수 있겠다뀨!

맞습니닷! 압축 공기 자동차는 연료가 공기라 연료비가 저렴하고, 대기를 오염시키지 않는 이점이 있습니닷. 그래서 전기차와 수소차에 이은 또 하나의 친환경 자동차로 떠오르고 있습니닷.

자동차가 더 이상 달리지 못한다면

자동차의 두 얼굴

20세기에 생산한 자동차의 대부분은 석유를 연료로 해서 달렸어요. 이러한 자동차를 '내연 기관 자동차'라고 해요. 내연 기관 자동차는 이제까지 곳곳을 달리며 인류의 건강을 위협하고 기후 위기에 영향을 미쳤어요.

인류에게 번영과 편리함을 제공해 온 자동차가 어쩌다가 우리의 건강을 위협하고 기후 위기에 영향을 주게 된 것일까요?

여러분도 잘 알겠지만, 자동차는 달리면서 가스를 내뿜어요. 이 가스를 '배출 가스' 또는 '배기가스'라고 해요. 자동차가 배출하는 이 가스에는 건강에 해로운 여러 가지 유해 물질이 포함되어 있어요. 대표적인 유해 물질로는 일산화 탄소, 탄화수소, 질소 산화물 등이 있지요.

> 실린더 속에 연료를 집어넣고 연소 폭발 시켜서 생긴 가스의 팽창력으로 피스톤을 움직이게 하는 원동기를 통틀어 **내연 기관**이라고 해요.

내뿜을수록 지구가 아프다고?

석탄이나 석유 등은 타면서 다양한 가스를 내뿜어요. 그중에서 일산화 탄소는 색깔은 물론, 냄새가 없어요. 그래서 과거에는 일산화 탄소로 인해 목숨을 잃는 경우도 많았답니다.

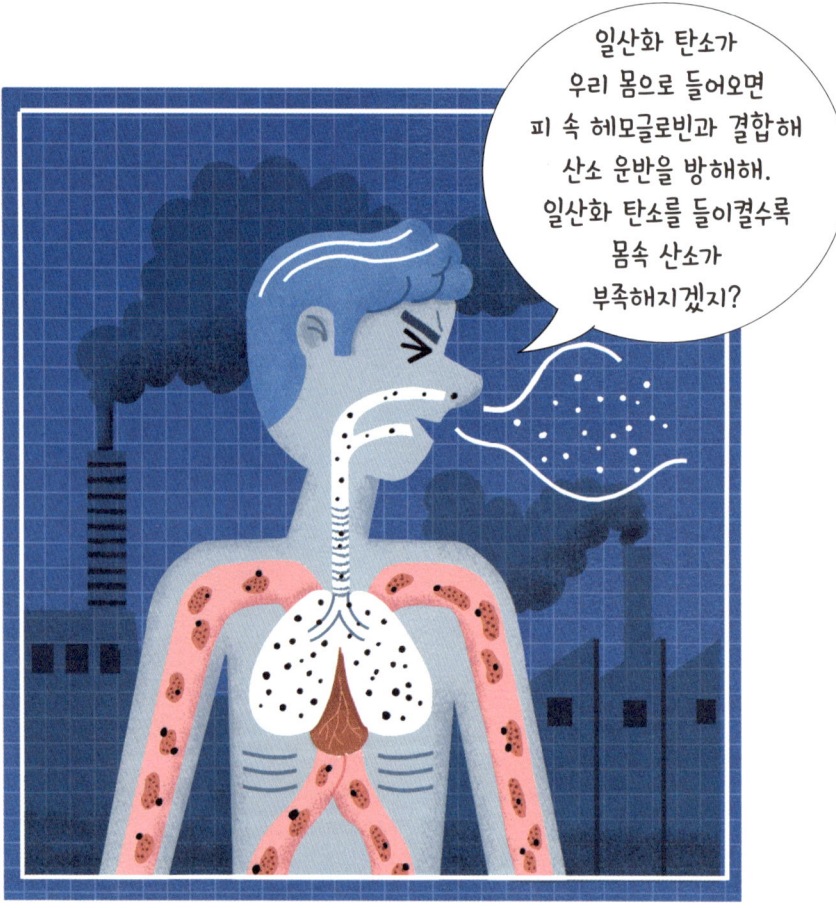

일산화 탄소가 우리 몸으로 들어오면 피 속 헤모글로빈과 결합해 산소 운반을 방해해. 일산화 탄소를 들이켤수록 몸속 산소가 부족해지겠지?

탄화수소 역시 호흡기에 심각한 영향을 끼쳐요. 탄소와 산소가 합쳐진 물질인 탄화수소가 입이나 코로 들어가면 기침이 나오고 숨이 막혀요. 그뿐만 아니라 눈을 자극해서 눈 건강에도 해로워요.

호흡 곤란이나 눈의 자극은 그나마 즉각적으로 알 수 있는 반응이에요. 탄화수소가 정말로 무서운 것은 몸속에서 오랫동안 머물며 암을 유발할 수 있기 때문이에요.

질소 산화물은 질소와 산소가 합쳐진 물질로, 배기가스에서 나오는 질소 산화물은 대부분 일산화 질소예요. 일산화 질소가 공기 중으로 퍼져 나가 산소와 만나면 자극적인 냄새가 나며 독성이 강한 이산화 질소가 돼요. 이산화 질소가 눈 점막에 닿으면 화끈거리며 찌르는 것 같은 통증이 생겨요. 호흡기 점막에 닿으면 연신 기침을 하다가 호흡 곤란으로 이어질 수도 있지요.

물을 만나면 질산이 되는 이산화 질소가 호흡기를 통해 몸속으로 들어가면 몸속의 물과 합쳐져 질산으로 변해요. 질산은 살짝만 닿아도 화상을 입을 정도로 강력한 산성 물질이에요. 염산만큼 강력하지요. 이러한 물질이 몸속에 머문다고 상상해 보세요. 생각만 해도 아찔할 거예요.

자동차가 내뿜는 여러 가스 중에서도 질소 산화물이 환경에 끼치는 악영향은 일산화 탄소나 탄화수소보다 범위가 좀 더 넓어요. 지구 대기에 퍼져 스모그를 일으키기도 하거든요. 스모그는 안개가 짙게 깔린 듯 하늘을 뿌옇게 만들어요.

질소 산화물이 가득한 대기로 비가 내리면 산성비가 돼요. 산성비를 오랫동안 맞으면 돌이나 쇠로 제작된 것도 부식돼요. 우리의 국가유산도 망가뜨리지요. 산성비를 맞은 토양은 산성화되어 농사짓기 어려운 땅으로 변하기 때문에 농작물 피해 역시 막대해요. 온전할 수 있는 것이 없어요.

질소 산화물은 극지방의 오존층을 파괴하는 원인 물질이기도 해요. 오존층은 지구에 들어오는 자외선을 막아 주는 역할을 해요. 오존층이 파괴되면 자외선이 마구 쏟아져 내릴 테고, 사람들은 큰 피해를 입겠지요.

> **스모그**는 자동차의 배기가스나 공장에서 내뿜는 연기가 안개처럼 된 상태예요. 매연이나 배기를 중심으로 공기 중의 수증기가 한데 엉겨 생기지요.

자동차가 이런 유해 가스를 내뿜는 데에는 연료인 석유에 그 책임이 있어요. 석유는 대표적인 화석 연료로 휘발유(가솔린), 등유, 경유(디젤), 중유 같은 여러 종류의 기름으로 구성돼 있어요.

이 기름들은 끓어오르는 온도가 달라요. 끓는점이 가장 낮은 휘발유가 가장 먼저 끓어오르고, 중유가 가장 늦게 끓어오르지요. 이처럼 끓는점의 차이를 이용해 원유에서 휘발유, 등유, 경유, 중유 등을 분리해요. 이 중에서 자동차 연료로 널리 쓰이는 것은 휘발유와 경유예요.

사용하는 연료가 휘발유냐, 경유냐, 천연가스냐에 따라서 자동차를 구분해요. 휘발유를 사용하는 자동차는 가솔린 자동차, 경유를 사용하는 자동차는 디젤 자동차, 천연가스를 사용하는 자동차는 천연가스 자동차라고 하지요. 어떤 연료를 사용하느냐에 따라 배출하는 가스도 약간씩 달라요. 디젤 자동차는 앞서 언급한 유해 물질 외에 입자상 물질을 추가로 배출해요.

입자상 물질은 공기 중에 떠다니는 오염 물질로 티끌, 먼지, 미세 먼지, 안개, 연기, 스모그 같은 것을 말해요.

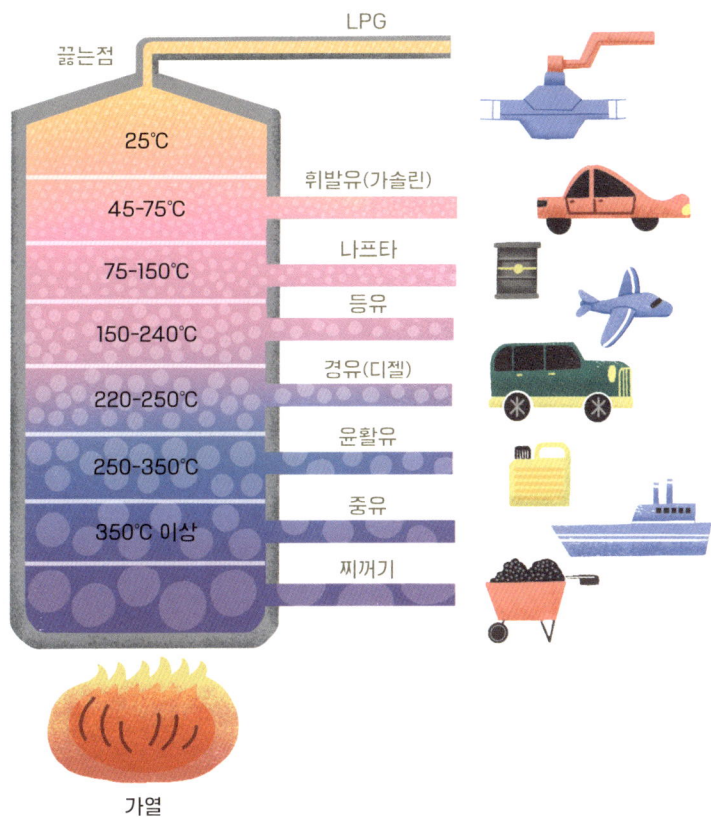

입자상 물질은 시야를 좋지 않게 하고 건강에도 악영향을 줘요. 그나마 천연가스 자동차는 일산화 탄소와 탄화수소 같은 유해 가스를 적게 배출하지요.

달릴수록 지구가 멍든다고?

자동차가 달릴 때마다 뒤꽁무니에서 나오는 일산화 탄소와 탄화수소, 질소 산화물 등이 공기 중으로 퍼져 나가면 지구의 대기는 해로운 물질로 가득해져요. 그로 인한 고충은 사람만 겪는 게 아니랍니다. 자동차가 배출하는 가스의 유해성은 인체에만 한정되지 않아요. 지구 전체에 나쁜 영향을 끼치지요.

지구에는 수많은 동식물이 어우러져 살고 있어요. 개나 고양이 같은 반려동물은 물론, 소와 돼지, 닭, 말, 젖소 같은 가축, 호랑이와 사자, 코끼리 같은 야생 동물 등이 이 지구에서 함께 살아가고 있지요. 지구의 공기가 자동차의 배기가스로 오염되면 동물들 역시 숨 쉴 때마다 괴롭고 고통스러울 거예요.

식물은 또 어떻고요. 식물이 잘 자라기 위해선 깨끗한 공기가 필수예요. 오염된 공기 속에서는 식물도 잘 자랄 수 없어요. 그런 환경에서는 채소와 과일을 마음 놓고 먹을 수 없어요. 유해 물질이 스며든 채소와 과일을 누가 먹으려 하겠어요.

가솔린 자동차와 디젤 자동차는 앞서 설명한 유해 물질 외에도 이산화 탄소를 배출해요. 이산화 탄소에 대해서는 많이 들어 봤을 거예요. 사이다나 콜라 같은 탄산음료에도 들어가고, 드라이아이스를 만들 때도 사용하는 물질이지요.

이산화 탄소는 유해한 물질이 아니에요. 이산화 탄소가 공기 중에 퍼져 나간다고 해서 건강이 나빠지거나 산성비가 내리거나 하진 않거든요. 그렇다고 이산화 탄소가 환경에 아무런 영향을 주지 않는다는 뜻은 아니에요. 이산화 탄소는 지구를 뜨겁게 만들거든요. 대기 속 이산화 탄소는 열을 가두는 역할을 해요. 비닐하우스가 열을 빠져나가지 못하게 가두는 것처럼요.

지구는 태양 빛을 받아 사람과 동식물이 살기에 적당한 환경을 유지해 왔어요. 너무 춥지도, 덥지도 않은 환경을 만들어 주었지요. 그런데 이산화 탄소 때문에 지구의 온도가 계속 올라가면 어떻게 될까요?

남극의 빙하가 녹고, 지구촌 곳곳에서 이상 기후 현상이 일어나요. 요즘 지구촌 곳곳에서 이러한 현상이 일어나고 있잖아요. 지구의 온도가 계속 상승한다면 결국 사람과 동식물 모두 지구에서 살아가기 어려워질 거예요. 그런데 이런 상황을 만드는 일등 공신이 바로 이산화 탄소라는 말이에요.

이처럼 이산화 탄소가 공기 중에 많아져 지구의 온도가 자꾸만 올라가는 현상을 '온실 효과'라고 해요. 그리고 자동차가 배출하는 가스가 여기에 한몫을 하고 있지요.

자동차가 달리면 달릴수록 이러한 피해는 계속 늘어날 거예요. 계속 이렇게 지구를 방치해 둘 수는 없어요. 원래의 건강한 상태로 되돌아갈 수 있도록 조치해야 해요.

환경 탐정 뀨와 공학특공대

탄소를 줄이자!

이산화 탄소가 온실 효과를 일으키는 원인이라면 이산화 탄소의 양을 줄이면 되지 않냐뀨?

맞습니닷! 이산화 탄소 문제를 해결하기 위해 나온 아이디어가 바로 탄소 중립입니닷. 이산화 탄소의 양을 제로 상태로 만드는 것이지요. 배출한 양만큼 흡수하면 될 겁니닷!

그 정도는 나도 안다뀨! 2016년 발효된 파리 협정 이후 121개 국가가 '2050 탄소 중립 목표 기후 동맹'에 가입했지 않냐뀨? 그래서 세계적으로 탄소 중립을 잘 실천하고 있냐뀨?

2019년에 기후행동 정상회의와 기후 변화 당사국 총회를 통해 세계 각국이 행동을 다짐했습니닷! 스웨덴, 영국, 프랑스, 덴마크, 뉴질랜드, 헝가리 등이 탄소 중립을 법률로 정했고 일본과 중국도 각각 2050년, 2060년까지 탄소 중립 목표를 달성하겠다고 선언했습니닷.

우리나라는? 잘하고 있냐뀨?

우리나라는 2020년에 탄소 중립의 첫걸음이라 할 수 있는 한국판 뉴딜(그린 뉴딜)을 발표했습니닷. 이와 함께 2050 탄소 중립 계획을 밝히고, 경제 구조의 저탄소화, 저탄소 산업 생태계의 조성, 탄소 중립 사회로의 공정 전환, 탄소 중립 제도 기반의 강화에 대한 내용을 발표했습니닷.

나도 동참하고 싶은데, 내가 실천할 만한 좋은 방법은 없냐꾸?

생활 속에서 탄소 중립을 실천하는 좋은 방법들이 있습니닷! 일단 안 쓰는 전자 기기부터 끄고 일회용품 사용을 줄이시지요!

지구를 살리는 자동차들

친환경 자동차의 등장

자, 이제까지 살펴본 내용을 다시 정리해 볼까요? 자동차는 우리에게 매우 편리한 이동 수단이에요. 하지만 자동차의 연료가 말썽이라면? 고갈될 염려도 없고, 지구 환경도 지킬 수 있는 연료를 사용하는 자동차를 타면 돼요! 그리고 그런 자동차가 바로 친환경 자동차예요.

친환경 자동차는 말 그대로 환경에 이로운 자동차예요. 기존의 자동차보다 연료는 적게 사용하면서 더 멀리 갈 수 있는 저공해 또는 무공해 자동차지요. '친환경차' 또는 '그린카'라고도 불러요.

친환경 자동차에 대한 관심이 높아지면서 자동차를 연구하는 분야도 다양해지고 있어요. 자동차를 연구하고 개발하는 공학 분야를 '자동차 공학'이라고 하는데, 자동차를 만드는 데 필요한 모든 분야를 복합적으로 연구해요.

자동차에 첨단 기술이 적용되면서 앞으로 자동차 공학 분야에서는 전자 공학과 전기 공학 또는 컴퓨터 공학을 전공한 사람들의 역할이 커질 거예요. 자동차를 연구하고 생산하는 일은 미래 시대를 선도한다는 점에서 자긍심도 느낄 수 있겠지요.

친환경 자동차는 내연 기관 자동차인 가솔린 자동차나 디젤 자동차와 핵심 부품이 달라요. 배터리, 충전 장치, 열 관리 장치, 파워 트레인 등이 핵심 부품이지요.

배터리는 자동차의 내부와 외부에서 공급하는 전기 에너지를 저장하거나 제공하는 역할을 해요. 충전 장치는 교류 전기를 배터리에 저장하지요. 열 관리 장치는 배터리와 엔진, 모터 같은 부품들이 적정 온도를 유지할 수 있도록 열을 관리해요. 또 파워 트레인은 배터리에 충전된 에너지를 바퀴로 전달해 주지요.

친환경 자동차는 사용하는 에너지에 따라 알코올 자동차, 천연가스 자동차, 태양광 자동차, 전기 자동차, 수소 자동차, 하이브리드 자동차, 바이오가스 자동차, 에어카 등이 있어요.

알코올 자동차는 석유 대신에 알코올을 연료로 사용하는 자동차예요. 알코올은 사탕수수를 가공해서 뽑아내는데, 휘발유보다 싸고 배출 가스에 불순물이 적다는 이점이 있어요. 사탕수수가 풍부한 브라질 같은 나라에서 일찍부터 활발하게 연구하고 있는 자동차예요.

음식물 쓰레기로 만든 바이오가스 연료로 운행하는 버스

　천연가스 자동차는 천연가스를 사용해서 달리는 자동차예요. CNG나 LNG라고 적혀 있는 자동차가 천연가스 자동차랍니다. CNG는 압축 천연가스를, LNG는 액화 천연가스를 뜻해요.
　태양광 자동차는 태양의 에너지를 이용하는 자동차예요. 자동차에 태양광을 받아서 에너지를 생산하는 태양광 패널을 부착하지요. 태양광은 자연에 존재하는 에너지인데다 계속 쓸 수 있어 연료비 걱정이 없고 공해를 일으킬 염려도 없어요.

중간 단계의 자동차

말과 당나귀 사이에서 태어난 동물을 노새라고 해요. 그러니까 노새는 다른 종의 동물 사이에서 태어난 잡종이지요. 잡종은 생명체에만 쓰이는 단어였어요. 그런데 요즘은 생명체와 무생물을 넘나들며 폭넓게 사용한답니다. 잡종은 영어로 '하이브리드(hybrid)'라고 해요.

변화하는 것들을 보면 중간 단계가 있기 마련이에요. 가솔린 자동차와 디젤 자동차에서 전기 자동차와 수소 자동차로 바뀌는 과정에서도 마찬가지예요. 중간 단계의 자동차가 있지요. 이런 자동차를 '하이브리드 자동차'라고 해요. 그러니까 하이브리드 자동차는 잡종 자동차를 의미하는 것이지요.

하이브리드 자동차는 이름의 의미처럼 서로 다른 자동차의 특성을 섞어서 만든 자동차예요. 가솔린 자동차에 있는 엔진의 특성과 전기 자동차에 있는 배터리의 특성을 살려서 제작한 자동차지요.

디젤 자동차와 전기 자동차를 합친 하이브리드 자동차도 있지만 대부분의 하이브리드 자동차는 가솔린 자동차와 전기 자동차의 특성을 살려서 만들어요.

최초의 하이브리드 자동차는 1899년에 탄생했어요. 세계적인 자동차 회사인 폭스바겐과 포르쉐를 창립한 독일의 페르디난트 포르쉐가 내놓은 '믹스테'가 최초의 하이브리드 자동차예요.

믹스테 이후 하이브리드 자농차는 잊혔어요. 그러다가 1997년 일본의 자동차 회사인 토요타에 의해 '프리우스'라는 이름으로 다시 세상에 선보였어요. 프리우스는 가솔린 엔진과 전기 배터리를 장착한 최초의 현대적인 하이브리드 자동차였지요.

우리나라는 2009년에 현대자동차·기아에서 '아반떼 하이브리드'와 '포르테 하이브리드'를 출시했어요. 대한민국 최초의 하이브리드 자동차였지요.

하이브리드 자동차는 가솔린 자동차와 전기 자동차의 기능을 합쳤기 때문에 휘발유로도 달릴 수 있고 전기로도 달릴 수 있어요. 게다가 소음이 적고 가속력이 좋아 장거리를 운행하는 운전자에게 유용해요.

하이브리드 자동차는 가솔린 자동차에 비해 가격이 비싸요. 가솔린 자동차에 들어가는 부품뿐만 아니라 전기 자동차에 들어가는 주요 부품도 들어가기 때문이에요. 또 가솔린 자동차의 엔진과 전기 자동차의 배터리를 모두 포함하고 있어 무겁기도 하지요.

하이브리드 자동차는 가솔린 자동차보다 충격에 약해요. 배터리에 충격을 받으면 화재가 일어날 가능성이 있거든요. 감전의 위험도 있어서 정비할 때 각별히 주의해야 해요. 높은 전압과 전류가 흐르고 있어 반드시 시동을 끈 후에 절연 장갑과 절연 장비를 가지고 자동차를 정비해야 하지요.

하이브리드 자동차는 전기 자동차나 수소 자동차보다는 친환경적이지 않아요. 휘발유를 사용하는 엔진이 탄소와 오염 물질을 배출하기 때문이에요. 그래도 화석 연료로만 달리는 자동차보다는 친환경적이지요.

하이브리드 자동차는 친환경을 추구하는 세계적인 흐름을 타고 당분간은 성장할 거예요. 하지만 언젠가는 전기 자동차와 수소 자동차에 밀려서 점차 사라지게 될 거예요. 그 시기가 언제쯤이냐는 전기 자동차와 수소 자동차의 대중화가 얼마나 빠르게 이뤄지느냐에 달려 있겠지요?

하이브리드 자동차는 가솔린 자동차와 전기 자동차의 기능을 모두 가지고 있어요.

전기 자동차가 먼저라고?

전기 자동차는 유해 배출 가스 감축을 실현할 대표적인 친환경 모빌리티로 주목받고 있는 자동차예요.

가솔린 자동차와 디젤 자동차가 본격적으로 선을 보인 것은 20세기에 들어서예요. 전기 자동차가 본격적으로 도로를 질주하기 시작한 것은 21세기에 들어서지요. 이러한 사실만 놓고 보면, 석유를 연료로 사용하는 자동차가 먼저 만들어졌을 거라고 생각할 수 있어요. 하지만 전기가 먼저 발명되었을까요, 자동차 엔진이 먼저 발명되었을까요?

전기는 20세기보다 훨씬 이전에 발명되었어요. 정전기 현상은 기원전 600년 무렵에 이미 알았고, 전기 현상은 18세기 중반 무렵에 알았지요. 반면에 자동차 엔진은 19세기 후반에 발명되었어요. 1879년에 독일의 카를 벤츠가 세계 최초로 가솔린 엔진을 발명했고, 1885년에는 세계 최초의 가솔린 자동차를 개발했지요.

전기가 먼저 발명되었으니, 전기 자동차가 먼저 만들어졌으리라는 건 어렵지 않게 생각할 수 있을 거예요. 최초의 전기 전동차는 1834년에 선을 보였어요. 하지만 전기 충전 기술이 부족해서 오래 탈 수 없다는 치명적인 단점이 있었지요.

충전이 가능한 전기 자동차는 1881년에 만들어졌어요. 그러나 이 자동차 역시 전기 자동차 시대를 여는 데는 실패했답니다. 가격이 너무 비싸고 배터리가 무거운데다, 충전 시간은 긴 반면에 주행 거리는 짧았기 때문이에요.

당시의 과학 기술로는 이러한 단점을 극복하기 어려웠어요. 아니, 불가능했다고 표현하는 게 더 맞을 거예요. 전기 자동차는 자연스레 사람들의 관심에서 멀어질 수밖에 없었지요.

> **전기**는 다양한 과학자에 의해 그 원리가 밝혀졌지만 본격적으로 사용된 것은 발전기가 발명되고부터예요. 1866년에 독일의 베르너 지멘스가 발전기를 발명한 이후 토머스 에디슨이 발전소를 만들어 전기를 공급했지요.

전기 자동차가 다시 모습을 드러낸 것은 21세기에 들어서예요. 첨단 과학에 힘입어 부활의 날갯짓을 펼칠 수 있게 된 것이지요.

전기 자동차가 빠르게 성장할 수 있었던 배경에는 미국의 전기 자동차 회사인 테슬라의 공이 컸어요. 테슬라사가 2012년에 내놓은 모델 S가 대성공을 거둔 이후, 전 세계의 내로라하는 자동차 업체들이 전기 자동차 시장에 본격적으로 뛰어들기 시작했거든요.

나는 21세기 최고의 친환경 자동차!

배터리가 핵심이다

그렇다면 21세기에 등장한 전기 자동차는 과거의 전기 자동차가 지닌 단점들을 어떻게 극복했을까요?

전기 자동차 하면 가장 핵심적인 것이 배터리예요. 엔진 없는 가솔린 자동차를 상상할 수 없듯, 배터리 없는 전기 자동차는 상상할 수가 없지요. 배터리 성능이 얼마나 빠르게 발전하느냐에 따라 전기 자동차의 미래가 달려 있다고 해도 과언이 아니에요.

2021년 기준으로, 대부분의 배터리 생산 업체는 리튬이온전지와 리튬인산철전지를 주력으로 생산하고 있어요. 리튬이온전지는 많은 양의 전기를 모아 둘 수 있지만 가격이 비싸고, 충격으로 인한 화재 발생 위험이 있어요. 반면에 리튬인산철전지는 가격이 저렴하고 화재가 일어날 위험성이 낮아요. 하지만 주행 거리가 짧고, 충전 시간이 길다는 약점이 있지요.

둘 중에서 어느 전지가 더 좋다고 딱 잘라 말하기는 어려워요. 주행 거리가 긴 전지를 고르고 싶다면 비싼 가격과 화재 위험성을 감안하면 되고, 가격이 싸고 화재 발생 가능성이 낮은 전지를 원한다면 짧은 주행 거리를 선택하면 되니까요.

　세계적으로 뛰어난 배터리 업체들은 지금도 새로운 전지를 개발하려는 연구를 활발히 진행하고 있어요. 대표적인 것이 전고체 배터리예요. 이것은 리튬이온전지와 리튬인산철전지의 장점을 살리고 단점은 극복한 차세대 전지랍니다. 전고체 배터리는 전기를 저장할 수 있는 축전 용량은 월등히 높고 주행 거리도 길어요. 게다가 화재 가능성이 낮은데다 충전 시간도 짧지요.

전기 자동차, 뭐가 좋을까?

전기 자동차는 화석 연료를 사용하지 않아 오염 물질을 배출하지 않아요. 물론 전기를 생산할 때 화석 연료가 사용되지만, 전기 자동차 자체에서는 공해 물질이 발생하지 않아요. 또 태양광으로 전기를 충전하는 자동차도 있고요.

전기 자동차에는 엔진이 없어요. 엔진이 하는 일을 배터리가 대신하기 때문이에요. 엔진이 없기 때문에 그에 딸린 부속품들도 필요 없어요. 그만큼 여유 공간이 생기는 셈이에요. 전기 자동차의 공간 효율성이 엔진을 장착한 자동차보다 월등히 높은 이유가 바로 이 때문이랍니다.

엔진을 장착한 자동차는 추운 겨울철이면 공회전을 하곤 해요. 엔진의 성능을 향상시키기 위해 시동을 켜서 엔진을 예열시키는 거에요. 하지만 공회전을 하는 동안 연료가 소모될 수밖에 없어요. 연료를 낭비하면서 대기 오염도 일으키는 셈이지요. 하지만 전기 자동차는 엔진이 없기 때문에 공회전을 할 필요가 없어요. 당연히 에너지를 낭비할 일이 없지요.

엔진이 없어 좋은 점이 또 있어요. 바로 소음이에요. 엔진이 돌아가는 소리나 기계들이 맞물려 돌아가는 소리가 나지 않거든요. 엔진 자동차에 비해 훨씬 조용하지요.

무엇보다 엔진을 장착한 자동차는 변속기, 라디에이터, 머플러, 타이밍 벨트, 점화 플러그 같은 다양한 기계 장치들이 있어서 고장이 잦을 수밖에 없어요. 기계 하나하나가 고장의 원인이 될 수가 있거든요. 어디 이뿐인가요? 기계가 원활하게 작동하도록 엔진 오일, 미션 오일 같은 기름을 수시로 넣어야 하고, 때마다 점검하고 확인도 해야 하지요. 유지 보수를 위한 시간과 비용이 상당히 들어갈 수밖에 없어요.

하지만 전기 자동차는 엔진과 그에 딸린 기계 부품들이 없으니, 기계를 잘 다루지 못해도 수월하게 운전할 수 있고, 엔진 오일도 필요하지 않아요. 유지 보수를 위한 시간과 비용이 적을 수밖에 없지요. 게다가 엔진 오일에서 발생하는 유해 가스와 공해 물질도 걱정할 필요가 없답니다. 세계 각국이 환경 규제를 강화하는 상황에서 환경을 오염시키는 물질을 배출하지 않는 전기 자동차는 환경 규제에 능동적으로 대처할 수 있지요.

달리면서 충전한다

전기 자동차는 이처럼 유해 배출 가스 제로를 달성할 최적의 자동차로 주목받고 있지만 아쉬운 점도 있답니다. 바로 연료 충전 문제 때문이에요.

전기 자동차가 도로를 질주하려면 연료인 전기가 필요해요. 그래서 전기 충전소에서 전기 에너지를 충전해야만 하지요. 문제는 충전 시간이에요. 주유소에서는 자동차에 기름을 넣는 데 1~2분이면 충분해요. 전기를 충전하는 시간도 이 정도라면 좋을 텐데, 현실은 그렇지 않아요. 충전 시간이 점차 짧아지고 있긴 하지만, 1~2분은 여전히 꿈의 시간이지요.

전기 자동차의 이러한 취약점을 보완하기 위해 등장한 아이디어가 있어요. 달리면서 충전하는 시스템이에요. 스웨덴, 미국 등에서는 도로 아래에 전류가 흐르는 구리 선을 깔아 전기 자동차가 그 위를 달리면 자동으로 충전이 되는 무선 충전 도로 시스템을 시험 운영하고 있어요. 여기서 만족스러운 결과가 나온다면 충전하기 위해 일부러 충전소까지 가지 않아도 될 거예요. 도로를 달리기만 하면 충전이 바로바로 되니 늘 충전 상태를 유지할 수 있겠지요.

또한 전기 에너지를 많이 저장하기 위해 굳이 큰 배터리를 장착할 필요도 없을 거예요. 전기 자동차에서 배터리가 차지하는 무게는 상당해요. 배터리의 크기가 작아지면 자동차의 무게가 가벼워져 연료를 절약할 수 있을 것이고, 더 많은 거리를 이동할 수 있을 거예요.

물론 무선 충전 도로 시스템에 문제가 전혀 없는 것은 아니에요. 물이 있으면 전류는 빠르게 흘러요. 그럼 감전 위험도 높아지겠지요. 비가 오거나 눈이 내려 무선 충전 도로에 물기가 생기면 감전 위험이 높아질 수 있어요. 이러한 문제가 해결되어야 무선 충전 도로를 안전하게 이용할 수 있겠지요?

전기 자동차는 <u>충전 시간이 길다</u>는 취약점이 있어요.

전기 자동차의 미래

최근 여러 자동차 회사에서 내놓는 자동차들을 보면 새로운 기술이 적용된 자동차가 많아요. 그리고 전기 자동차도 많지요. 머잖아 전기 자동차의 가격은 큰 폭으로 떨어질 거예요. 기존의 엔진을 장착한 자동차는 전기 충전 장치가 설치돼 있지 않은 산간, 오지 같은 곳에서나 보게 될 날이 곧 올 거예요. 전기 자동차의 미래는 그만큼 화창해요.

미국의 유명한 경제 미디어 기업인 블룸버그는 전기 자동차의 미래를 놓고 '2030년 중반이 넘으면 전기 자동차가 엔진을 장착한 자동차의 판매를 앞지를 것이다.'라고 전망했어요. 실제로 미국 정부는 2030년까지 미국 대형 자동차 회사 신차의 절반을 전기 자동차로 생산하도록 하겠다는 계획을 세워 추진하고 있어요.

전기 자동차로의 전환은 이제 피할 수 없는 시대적인 흐름이 되었어요. 전기 자동차의 시대가 본격적으로 활짝 펼쳐진 거예요.

환경 탐정 뀨와 공학특공대

다람쥐가 내 차를 먹었어요!

다람쥐가 자동차를 먹어 치웠다는 이야기를 들었다뀨!

런던에서 주차해 놓은 '아이고(Aygo)'라는 차를 다람쥐가 먹었다는 이야기 말이군요!

맞다뀨. 자동차 안테나도 씹고, 고무 패킹 부품, 도어 트림, 좌석 쿠션, 트렁크 라이너, 스페어타이어 커버까지 갉아 먹었다던데?

그것은 다람쥐가 먹을 수 있는 것들로 아이고를 만들었기 때문입니닷. 아이고는 식물로 만든 바이오플라스틱으로 제작한 자동차입니닷!

먹을 수 있는 재료로 자동차를 만들었다뀨? 대체 말이 되냐뀨!

바이오플라스틱은 식물을 이용해 만들었지만 석유로 만든 플라스틱과 비교해도 품질은 떨어지지 않습니닷. 강도는 비슷하지만 미생물에 의해 쉽게 분해되고 유해 물질도 적어 플라스틱보다 이점이 많습니닷. 이 바이오플라스틱이 플라스틱을 대체할 것이라는 데 이의를 다는 학자는 없답니닷.

헉, 앞으로는 다람쥐를 조심해야겠다뀨!

미래를 향해 가는 자동차들

미래를 위한 움직임

"더 나은 내일을 위해 우리는 기다리지 않을 거야."

2021년에 우리나라의 아이돌 그룹 방탄소년단(BTS)이 지구의 날을 맞아 현대자동차와 함께 공개한 영상에서 한 말이에요. 수소 에너지의 중요성을 강조하면서 기후 변화에 대처해 지구를 살리는 일에 더는 머물러 있지 않겠다는 강한 의지를 표명한 말이지요. 그들은 이렇게 말했어요.

지금부터 수소 사회가 본격적으로 펼쳐지면 2050년까지 이산화 탄소 배출량은 매년 60억 톤씩 줄어들 거야. 이미 수소 에너지는 조금씩 세상을 바꾸고 있어!

수소가 세상을 바꿀 수 있을 거라는 생각은 맹물로 가는 자동차를 떠오르게 해요. 수소는 물속에 무진장 들어 있거든요. 과거 1970년대에 중동 전쟁을 계기로 전 세계적으로 석유 값이 치솟았던 적이 있어요. 당시 자고 일어나면 하루가 다르게 물가가 상승했지요. 석유 한 방울 나지 않는 우리나라는 이 석유 파동의 피해를 고스란히 입을 수밖에 없었어요.

그즈음 우리나라의 많은 사람이 석유 대신 맹물로 가는 자동차를 꿈꾸었답니다. 만약 맹물로 가는 자동차가 있었다면 물이 풍부한 우리나라에 더없이 좋은 자동차였을 거예요.

아쉽게도 아직까지 맹물로 가는 자동차가 도로를 질주하는 꿈은 이루지 못했어요. 그렇다고 비관할 필요는 없어요. 21세기의 공학이 수소 자동차로 그 꿈을 한 걸음씩 차근차근 실현해 나가고 있는 중이거든요. 수소는 물의 주요한 구성 성분이니까, 수소를 연료로 사용하는 자동차는 맹물로 가는 자동차인 셈이지요.

수소 자동차의 기본 연료는 수소예요. 수소는 우주가 탄생하면서 제일 먼저 만들어진 원소예요. 우주가 137억 년 전에 태어났으니 수소의 나이는 137억 살가량 된다고 볼 수 있지요.

수소, 어디까지 알고 있니?

1766년, 영국의 화학자이자 물리학자인 캐번디시는 아연과 주석과 철 같은 금속에 황산과 염산을 부으면 어떤 반응이 일어나는지 살피는 과정에서 새로운 물질을 발견했어요. 캐번디시는 이것을 불타는 기체 또는 가연성 기체라고 불렀어요. 이 기체에 지금의 이름을 붙인 사람은 프랑스의 화학자 라부아지에예요. 라부아지에는 이 기체가 물을 만드는 원료가 된다는 사실을 발견하고 이 기체에 '수소'라는 이름을 붙였어요.

수소는 친환경 에너지로 각광받고 있어요. 수소를 연소시키면 이산화 탄소나 각종 유해한 가스가 배출되지 않고 아주 조금의 질소와 물밖에 안 나오거든요. 그뿐만 아니라 안전 관리만 잘하면 도시가스보다도 안전하다고 알려져 있지요.

이러한 사실만 놓고 보면, 수소 자동차가 석유나 가스, 전기를 연료로 사용하는 자동차보다 먼저 발명되었을 법도 한데 그러지 않았다는 것이 의아하지요? 그 이유는 바로 기술적인 어려움 때문이었어요.

자동차를 움직이려면 연료를 넣어야 해요. 내연 기관 자동차에 기름을 주유하고, 전기 자동차에 전기를 충전하듯이요. 수소 자동차에도 수소를 충전해야 하는데, 이것이 만만찮답니다.

수소 충전기를 제작하고, 수소를 충전하고, 수소를 저장하는 일은 첨단 과학 기술의 도움 없이는 불가능해요. 수소 자동차가 20세기 후반에야 첫선을 보일 수밖에 없었던 이유도 이 때문이에요. 그래서 수소 자동차의 상용화는 전기 자동차에 비하면 많이 뒤처져 있어요.

우리나라는 수소 자동차 개발 분야에서 앞서 나가고 있어요. 현대자동차에서 2018년에 승용차 넥쏘를 출시한 데 이어 2020년에는 화물 자동차 엑시언트를, 2023년에는 경찰 버스 유니버스를 선보였지요.

수소 자동차에는 엔진이 필요 없어요. 엔진이 들어 있지 않으니 전기 자동차와 내부 구조가 비슷할 거라고 생각할 수 있지만 그렇지 않답니다. 엔진이 없고 배터리와 모터가 있는 것은 전기 자동차와 같지만 수소 자동차에는 전기 자동차에 없는 수소 탱크와 연료 전지가 들어 있거든요.

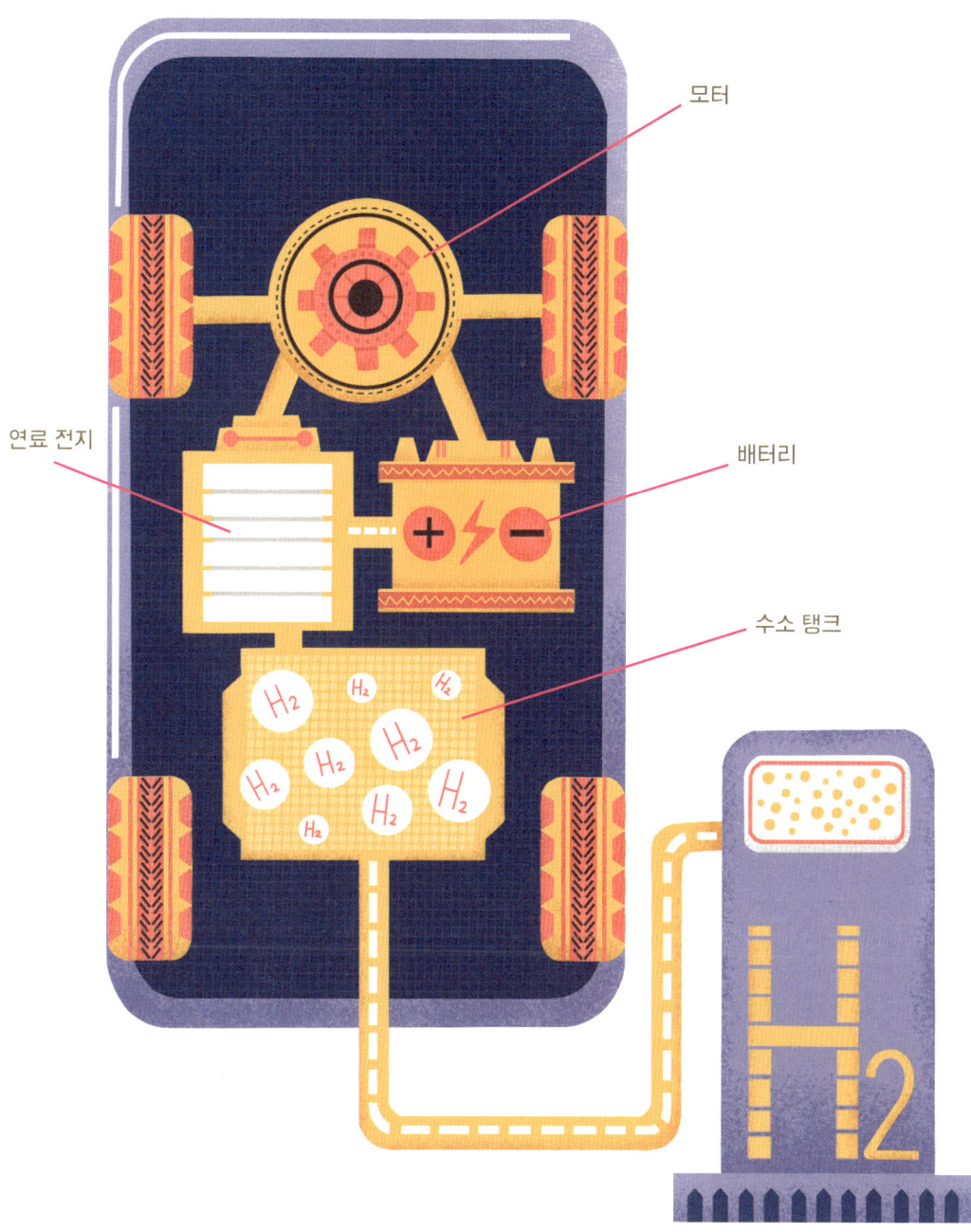

수소는 어떻게 만들고 저장할까?

수소 자동차의 핵심 연료인 수소를 생산하는 방법에는 여러 가지가 있어요. 천연가스, 석유 및 석탄, 신재생 에너지 등에서 추출하는 방법들이지요.

석유와 석탄, 천연가스 같은 화석 연료에서 수소를 뽑아낼 때는 온실가스인 이산화 탄소가 나와요. 이산화 탄소가 공기 중으로 퍼지면 지구의 온도가 상승해 환경에 악영향을 끼쳐요.

우리가 수소 자동차를 제작하는 이유가 무엇이었지요? 그래요, 지구를 살리기 위해서였어요. 지구의 환경을 지키기 위해 수소를 사용하려는 건데, 추출하는 과정에서 이산화 탄소를 내뿜는 수소를 사용한다면 오히려 지구를 아프게 하는 꼴이 되고 말 거예요.

그래서 생각한 방법이 바로 물을 전기 분해해서 수소를 얻는 방법이에요. 물을 전기 분해할 때 사용하는 에너지는 바람과 태양광에서 얻은 에너지를 이용하는데, 이처럼 이산화 탄소를 배출하지 않고 얻는 수소를 '그린 수소'라고 불러요.

수소를 저장하는 방법도 중요해요. 주로 두 가지 방법을 사용하는데 하나는 수소 기체를 꾹꾹 눌러서 압축하는 방법이고, 다른 하나는 기체인 수소를 액체로 만드는 방법이에요. 기체는 온도를 낮추면 액체가 돼요. 수소 가스는 영하 253도씨 이하가 되면 수소 액체가 된답니다.

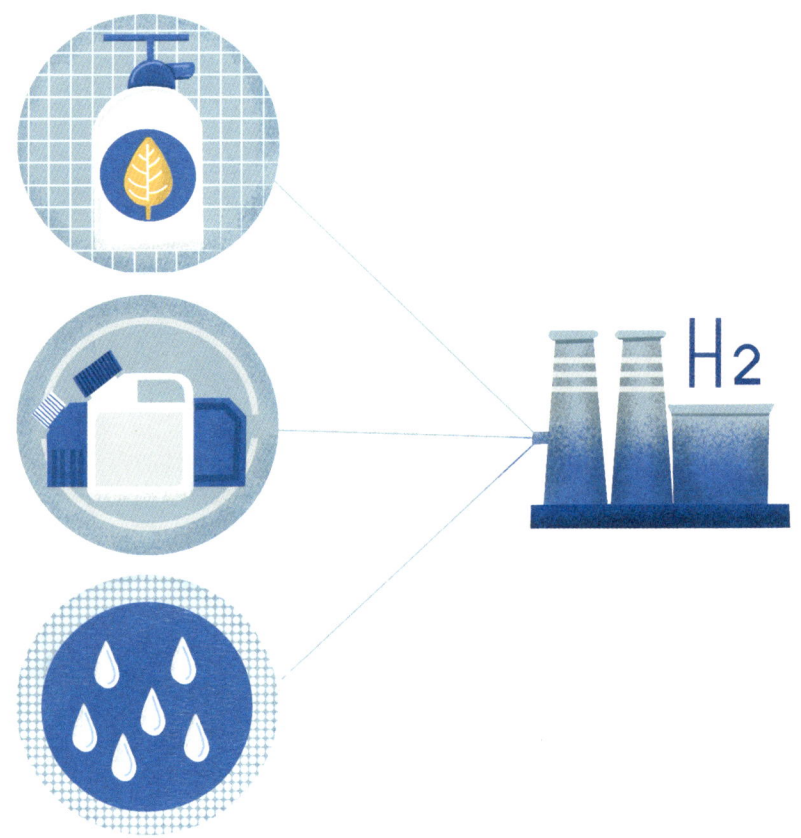

수소를 생산하고, 저장하고, 운송하는 데 가장 크게 고려해야 할 것은 가격이에요. 그린 수소를 생산하는 데 드는 비용이나 수소를 압축하고 액화해서 저장하는 데 드는 비용, 수소를 운송하는 데 드는 비용 모두 만만찮거든요.

수소 자동차의 보급을 늘리려면 이러한 문제를 시급히 해결해야 해요. 이를 위해 수소 연료 전지에 사용할 효율 좋은 촉매를 개발하고, 재생 에너지를 이용해 수소를 안정적으로 생산하는 시스템을 연구 중이랍니다.

수소는 이산화 탄소나 유해 가스를 배출하지 않아요.
관리만 잘하면 안전해요.

수소 자동차의 미래

　수소 하면 수소 폭탄을 떠올리는 사람이 있을 거예요. 수소는 가볍지만 작은 불꽃만으로도 폭발할 수 있는 힘을 가지고 있어요. 그래서 많은 사람이 수소 폭발에 대한 두려움 때문에 자신의 동네에 수소 충전소가 생기는 걸 달가워하지 않아요. 이처럼 수소 충전소 설치에 대한 안정성 문제가 완벽하게 해결되지 않았다는 점은 수소 자동차의 상용화가 늦어지는 큰 이유 중 하나예요. 수소 자동차의 약점 중 하나이기도 하고요.

　최근에는 전기 자동차 충전소를 흔히 볼 수 있어요. 테슬라사의 전기 자동차는 집에서 충전할 수 있을 정도로 발전했지요. 반면에 수소 자동차는 여전히 충전소를 찾기 어려워요. 이 문제를 신속히 해결해야 수소 자동차의 보급도 확대될 수 있을 거예요.

　물론 충전소의 개수만 늘어난다고 해서 문제가 해결되는 것은 아니에요. 수소 충전기는 전문 훈련을 받은 사람만이 취급해야 하는 위험도가 높은 장치거든요. 그래서 수소 자동차는 아무 곳에서 아무 때나 충전하기 어려워요. 한밤중에도 누구나 충전할 수 있는 전기 자동차와 큰 차이가 있지요.

수소 자동차는 전기 자동차와 비교하면 비용적인 측면 외에도 약점이 많아요. 수소 자동차는 순간 출력이 전기 자동차보다 떨어져요. 전기 자동차는 배터리에서 바로 전기를 가져올 수 있지만, 수소 자동차는 수소와 산소를 화학 반응 시키는 또 하나의 과정이 필요하기 때문이에요.

이처럼 수소 자동차는 전기 자동차에 비해 구조가 복잡하기 때문에 전기 자동차보다 정비도 자주 해야 하고 정비 비용이 많이 들 수밖에 없어요. 연료비 역시 전기 자동차보다 비싸고요. 수소 자동차들이 도로를 질주하기 위해서는 이러한 문제들을 하루빨리 개선해야 해요.

여러 가지 약점에도 불구하고 우리가 수소 자동차의 개발에 주목하는 것은 장점이 많기 때문이에요. 수소 자동차는 전기 자동차보다 주행 거리가 길어요. 또 화석 연료를 사용하지 않아 공해 물질도 배출하지 않지요. 게다가 전기 자동차보다 충전 속도가 빨라요. 전기 자동차는 충전하는 데 아무리 빨라도 30분 이상이 걸리는데 수소 자동차는 완전히 충전하는 데 5분 남짓이면 충분해요.

수소 자동차는 다른 자동차보다 가볍게 만들 수 있어요. 자동차가 가벼우면 연료를 적게 소모할 뿐만 아니라 빠른 속도로 달릴 수 있어요.

수소 자동차는 전기 자동차보다 충격에 안전해요. 전기 자동차의 내부는 충격을 받으면 화재가 일어날 가능성이 커요. 하지만 수소 자동차의 내부는 웬만한 충격에는 끄떡없어요.

이처럼 수소 자동차는 충전 시간이 빠르고, 주행 거리가 긴 데다 짐도 많이 실을 수 있어요. 그래서 승용차보다는 택시나 트럭, 버스 등에 어울려요. 경찰차, 소방차, 구급차 같은 긴급 자동차나 군용차, 운전면허 시험용 자동차에도 적합하지요.

이러한 특징들 때문에 대부분의 자동차 전문가들은 미래에는 수소 자동차와 전기 자동차가 공존할 것으로 예측해요. 서로의 단점은 보완하고, 장점은 살리는 것이지요. 친환경을 추구하는 흐름에 따라 수소 자동차와 전기 자동차의 시장은 꾸준히 성장해 나갈 것으로 전망되고 있어요.

친환경 소재가 답이다

최근 튼튼하면서도 친환경적인 소재로 만들어진 자동차들이 속속 등장하고 있어요. 강철보다 강하면서도 분해가 되는 바이오 스틸이나 식물성 소재를 이용한 대체 가죽, 재활용할 수 있는 섬유, 바이오플라스틱 등을 활용한 자동차들이지요.

미래 자동차의 조건으로 친환경 소재가 주목받고 있어요. 자동차의 내부와 외부에 친환경 소재를 사용해 환경에 미치는 영향을 최대한 줄이려는 거예요. 자동차 업체에서는 원료는 물론, 자동차를 제작하는 과정에서 발생하는 이산화 탄소까지 줄이기 위해 다양한 친환경 소재를 활용하고 있어요.

현대자동차의 '아이오닉'은 여러 내장재에 바이오플라스틱을 사용했어요. 목재 섬유질의 함유 비율을 높인 바이오플라스틱은 폐기 후에는 땅속에서 분해되기 때문에 환경 오염을 일으키지 않지요.

아이오닉의 시트에는 유칼립투스 나무 추출물로 만든 친환경 소재 원단을 사용했어요. 도색이 필요한 부분에는 야자열매 씨앗 추출물이 들어간 친환경 페인트를 사용했지요.

　현대자동차의 '넥쏘'는 대시 보드, 센터페시아, 하단 패널, 콘솔 커버, 스티어링 휠 베젤 등에 바이오플라스틱을 사용했어요. 원단이 필요한 곳은 대부분 바이오 섬유로 감쌌지요. 외장 일부 마감재로는 폐플라스틱을 재활용한 친환경 소재를 사용했어요.

기아의 'EV6'는 실내 곳곳에 친환경 또는 재활용 소재를 사용했어요. 시트는 아마 씨앗 추출물을 활용해 친환경 공정을 거친 나파 가죽으로, 도어 포켓과 플로어 매트는 폐플라스틱을 재활용한 소재로 제작했어요.

기아의 'EV9'은 해양 오염의 원인 중 하나인 어망을 재활용한 바닥재와, 플라스틱과 양모 섬유를 재활용한 시트 커버를 사용했어요. 시트를 비롯한 대부분의 내장재는 동물의 천연 가죽이 아닌, 비건 가죽으로 마감했어요.

이처럼 자동차 공학자들은 지구를 살리기 위해 친환경 연료와 친환경 소재를 활용해 자동차를 만들고 있어요. 이와 함께 새로운 연료와 소재를 개발하기 위해 끊임없이 연구하면서 탄소 중립을 위해 노력하고 있지요.

**자동차 공학자들은
탄소 중립을 위해 노력하고 있어요.**

환경 탐정 뀨와 공학특공대

탄소로 자동차를 만든다고?

친환경 자동차 중에 탄소 섬유를 이용한 자동차도 있다는데, 온실 효과를 일으키는 이산화 탄소 속의 그 탄소랑 같은 탄소냐뀨?

맞습니닷. 탄소 섬유 속의 탄소와 이산화 탄소 속의 탄소는 같은 물질입니닷. 하지만 탄소와 이산화 탄소는 다른 물질입니닷. 이산화 탄소는 탄소와 산소가 합쳐진 물질입니닷.

탄소로 어떻게 자동차를 만드냐뀨?

정확히 말하면 탄소 섬유로 만든 자동차입니닷! 탄소 섬유의 재료는 나무에서 얻습니닷. 재료를 가열하면 그 속에 들어 있던 산소, 수소, 질소 같은 분자들이 빠져나가고 무게가 줄어듭니닷. 이것이 탄소 섬유입니닷.

탄소 섬유 자동차는 평균 400킬로그램 정도로 가볍기 때문에 그만큼 연료를 덜 쓰게 됩니닷. 연료를 덜 쓰면 자동차에서 배출되는 가스의 양도 줄어듭니닷. 이것은 지구에 주는 피해가 줄어든다는 뜻입니닷!

재료를 나무에서 구한다니, 쉽게 부서지면 어쩌냐뀨?

탄소 섬유는 강철에 비해 10배가량 강하다고 하니 걱정을 붙들어 매십시오!

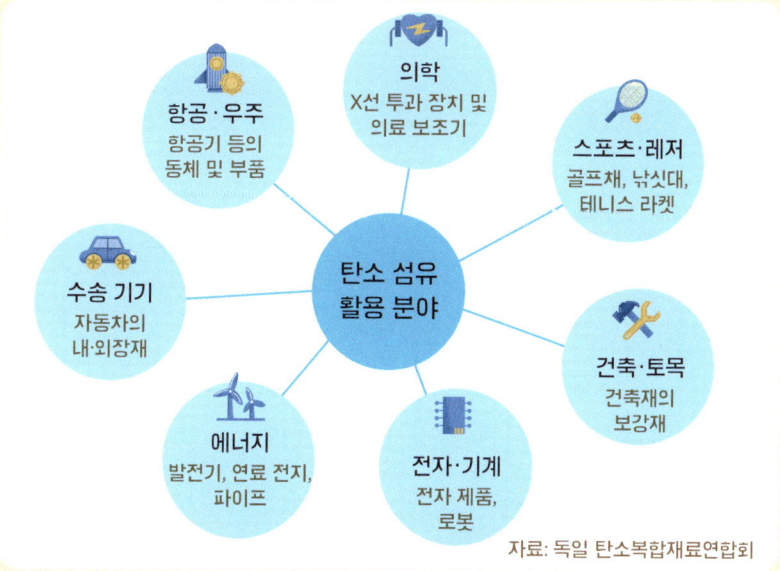

자료: 독일 탄소복합재료연합회

모빌리티의 오늘과 내일

21세기의 모빌리티

앞에서 이동 수단을 모빌리티라고 부른다고 했던 것 기억하나요? 사전에서는 '모빌리티(mobility)'라는 말을 '이동성'으로 정의하고 있어요. 공학에서는 이러한 의미를 살려 모빌리티를 '이동을 편리하게 해 주는 것'이란 뜻으로 사용해요.

모빌리티라는 말은 예전부터 있었어요. 하지만 크게 주목받지 못하다가 21세기에 들어 공학과 함께하며 화려하게 꽃을 피우게 되었지요.

이동을 편리하게 해 주는 것이라는 의미로만 보면 수레와 마차, 증기 기관차, 자동차 모두 모빌리티가 될 수 있어요. 그러나 21세기의 공학에서는 이것들 모두를 모빌리티라고 하지 않아요. 모빌리티에 한 가지 개념을 더 추가했거든요. 바로 'IT 기술'이지요.

IT는 컴퓨터 하드웨어, 소프트웨어, 통신 장비와 관련된 산업을 말해요. 흔히 정보 기술 산업이라고 하지요. 21세기의 공학이 의미하는 모빌리티는 'IT 기술을 접목해 이동을 편리하게 해 주는 것'으로 정의할 수 있어요. 그러니까 수레와 마차, 증기 기관차 등은 21세기의 공학이 표방하는 모빌리티에는 포함될 수가 없어요.

자동차는 모빌리티에 해당할까요? 모빌리티일 수도 있고, 아닐 수도 있답니다. 예를 들어 내비게이션 기능이 들어간 자동차는 모빌리티가 될 수 있어요. 내비게이션이라는 IT 기술이 들어가 있으니까요.

자동차를 1차 모빌리티와 2차 모빌리티로 구분하기도 해요. 1차 모빌리티는 IT 기술이 들어 있지 않은 자동차를, 2차 모빌리티는 IT 기술이 들어 있는 자동차를 뜻하지요.

자동차 외에 또 어떤 것들이 모빌리티일까요? IT 기술이 접목된 전동식 킥보드, 전기 스쿠터, 전동 외발자전거, 세그웨이, 초소형 1인용 차, 드론 등 모두가 모빌리티랍니다.

모빌리티는 넓게 보아 이동 수단이 아닌 서비스를 포함하기도 해요. 차량 호출 서비스, 승차 공유 서비스, 차량 공유 서비스, 스마트 물류, 지능형 교통 체계 등이 모빌리티에 포함되지요.

차량 호출 서비스는 말 그대로 차를 부르는 서비스예요. 이동을 원하는 사람과 서비스를 제공하는 사업자를 바로바로 연결하지요. '카 헤일링(Car Hailing)'이라고도 해요. 이제 택시가 지나가기만을 마냥 기다리던 시대는 옛날이 되었어요. 스마트폰의 애플리케이션(앱)으로 출발지와 목적지를 입력하고 호출하면 택시를 언제든지 이용할 수 있거든요. 차량 호출 서비스가 가능해지면서 승객과 운전자는 시간을 아낄 수 있게 되었어요. 그뿐만 아니라 차량이 승객을 찾으러 이곳저곳 돌아다니지 않아도 되니까 그만큼 연료도 아낄 수 있지요.

승차 공유 서비스는 차 한 대에 여러 사람이 함께 타는 서비스예요. 스마트폰의 앱에서 목적지가 같은 사람을 찾아 함께 모여서 출발하는 서비스지요. 이러한 서비스를 활용하면 도로를 달리는 자동차 수가 줄어들 것이고 그럼 연료를 덜 소비하게 되어 지구가 덜 오염되는 효과가 있어요.

차량 공유 서비스는 '카 셰어링(Car sharing)'이라고도 부르는데 자동차를 빌려 쓰는 서비스예요. 스마트폰 앱을 활용해 지금 사용할 수 있는 차가 어디에 있는지 확인하고 이용하면 되지요. 그때그때 필요한 만큼만 시간 단위로 자동차를 빌려 쓴다는 점에서 렌트카와는 달라요. 차량 공유 서비스가 활성화되면 굳이 차를 소유할 필요를 느끼지 않게 될 거예요.

다양한 첨단 IT 기술의 발달은 차량 공유 서비스뿐 아니라 물류 산업에도 새로운 변화를 가져왔어요. 예전에는 물품 창고에 들어오고 나가는 물건의 종류와 수를 사람이 일일이 목록표에 적었어요. 하지만 요즘은 사정이 달라졌어요. 스마트 물류 시스템 덕분에 제품의 종류, 입출고 기록, 재고 상태 등을 컴퓨터 모니터와 스마트폰에서 실시간으로 확인할 수 있게 되었지요.

이처럼 스마트 물류는 제품을 유통하는 과정에서 주문을 받아 시장에 내보내기까지의 과정을 정보화 시스템으로 바로바로 처리하는 것을 말해요.

> **물류**란 개별 기업이 행하는 상품의 포장, 하역, 수송, 보관, 통신 따위의 여러 활동을 이르는 말이에요.

스마트 물류 시스템을 이용하면 기업의 운영 비용을 절감할 수 있어요. 또 시간을 단축할 수 있고 생산성도 높일 수 있지요. 스마트 물류 인프라를 구축하기 위해 정부는 드론, 로봇, AI 등의 첨단 기술을 활용할 예정이라고 해요.

IT 기술이 요즘같이 발달하지 않았던 시절에는 버스가 언제쯤 도착하는지 알 길이 없었어요. 정류장에서 버스가 도착하기만을 하염없이 기다릴 수밖에 없었지요.

하지만 요즘은 어떤가요? 스마트폰의 앱으로 버스가 어디쯤 와 있는지, 몇 분 후에 도착하는지 실시간으로 확인할 수 있어요. 지하철도 마찬가지고요. 그래서 무작정 미리 나가서 기다릴 필요가 없어요. 버스와 지하철이 오는 시간에 맞춰 나가면 되지요. 이것은 모두 지능형 교통 체계 덕분이에요.

지능형 교통 체계란, 첨단 교통 기술과 정보를 활용해 교통 체계를 효율적이고 안정적으로 향상시키는 교통 시스템이에요. 쉽게 말해 차량의 위치나 주변의 교통 상황, 위험 정보 등을 실시간으로 제공하는 시스템이지요.

이처럼 나날이 발전하는 IT 기술은 모빌리티 혁명을 더욱 가속화하고 있어요. 모빌리티의 발전은 이동의 효율성을 높이고 불필요한 에너지 사용을 줄여 지구를 지키는 데 큰 도움이 될 거예요.

스스로 알아서 달린다

자동차 스스로 목적지까지 찾아가는 자동차에 대해 들어본 적 있지요? 맞아요. 자율 주행차 이야기예요. 21세기 공학이 꿈꾸는 모빌리티의 꽃이지요. 자율 주행차에 대한 연구가 시작된 것은 1970년대 중후반부터예요. 세계 유수의 자동차 회사들이 뛰어들었답니다.

20세기 후반에는 컴퓨터와 통신, 반도체 기술이 본격적으로 발달하며 자율 주행 기술이 빠르게 발전했어요. 우리나라는 1990년대 후반부터 자율 주행차를 연구하기 시작했지요.

21세기에 들어서며 자율 주행 기술은 인공 지능 기술에 힘입어 하루가 다르게 발전했어요. 그만큼 빠르게 자율 주행차는 현실이 되어 가고 있지요. 2040년이 되면 도로를 달리는 자동차의 75퍼센트가 자율 주행차일 것으로 예측될 정도예요.

자율 주행차가 상용화되면 우리의 삶에 어떤 변화가 일어나고, 어떤 영향을 미칠까요?

우선 말로 지시하거나 버튼을 누르기만 하면 자율 주행차가 알아서 목적지까지 안전하게 데려다줄 거예요. 이때 운전은 사물 인터넷과 연결된 인공 지능 시스템이 척척 알아서 할 거예요. 사람은 차 안에서 편히 쉬면 돼요.

난폭 운전이나 졸음운전으로 인한 사고는 물론, 뺑소니 같은 일도 걱정하지 않아도 돼요. 차 안에서 마음껏 통화하거나, 노트북으로 공부를 하거나 업무를 처리할 수도 있을 거예요.

인공 지능 기술이 실시간 교통 정보 시스템과 연결되면서 교통 체증으로 인한 문제나 교통사고가 현저하게 줄어들 거예요. 구급대원들은 운전에 전혀 신경 쓸 필요 없이 오로지 환자의 응급 치료에만 집중할 수 있겠지요?

교통 정체가 줄어들면 연료 낭비가 줄어들 것이고, 자동차의 배출 가스도 그만큼 감소할 거예요. 그럼 지구의 대기는 조금 더 청정해지고 건강해지겠지요.

자율 주행차는 이처럼 사람들이 자유롭고 안전한 삶을 누리는 데 이바지할 뿐만 아니라 지구를 깨끗하게 하는 데에도 도움이 된답니다.

자율 주행차는 기본적으로 어디에 위치해 있는지, 주변에 무엇이 있는지, 경로는 어떻게 되는지 등을 실시간으로 판단할 수 있는 기술이 갖춰져야 해요. 이를 위해 카메라, 레이더 등 여러 종류의 센서와 함께 센서로부터 들어온 정보를 취합해 분석할 수 있는 기술이 필요해요. 그러한 기술은 전적으로 소프트웨어에 달려 있기 때문에 자율 주행 기술에서 소프트웨어가 차지하는 비중은 상당해요.

자율 주행차의 소프트웨어는 인공 지능과 떼려야 뗄 수 없는 관계예요. 따라서 자율 주행 기술이 고도화될수록 인공 지능과 연계된 소프트웨어의 비중은 점점 커지요.

현재 자율 주행 기술은 보통 6단계로 구분해요. 레벨0은 자율 주행 기술이 없어 운전자가 모든 것을 해야 하는 단계예요. 레벨1은 카메라와 센서를 이용해 정해진 속도를 유지하고, 차선을 벗어나면 경고음을 보내는 수준의 단계예요. 레벨2는 자동차 스스로 속도와 방향을 조절할 수 있는 단계지요. 레벨3이 되면 자동차가 장애물을 감지하고 피할 수 있어요. 또 길이 막히면 우회할 수도 있어요. 레벨4는 운전자가 목적지를 설정하면 자동차가 알아서 목적지까지 가는 단계예요. 그리고 레벨5는 운전자가 탑승하지 않아도 자동차가 자유자재로 운전을 하는 단계랍니다.

기아의 2023년형 EV9 모델은 레벨3에 해당하는 자동차로, 고속 도로 자율 주행 기능이 있어요. 시스템이 주변 상황을 판단하며 주행하기 때문에 운전자가 핸들을 잡지 않아도 돼요.

서울 여의도 국회에서는 인공 지능과 자율 주행 기술을 결합한 현대자동차의 자율 주행차 '로보셔틀'이 운행되고 있어요. 로보셔틀은 레벨4의 자율 주행 단계로, 직원들과 방문객을 태우고 국회와 주차장을 오가요.

국회에서 운행되고 있는 로보셔틀

공유 서비스가 삶을 바꾼다

  21세기는 공유 경제 시대라고 해요. '공유'는 혼자 소유하지 않고, 여럿이 나누어 쓰는 거예요. 그러니까 공유 경제는 이미 생산된 제품을 여럿이 공유해 사용하는 소비 경제를 말해요. 앞에서 말한 차량 공유 서비스나 승차 공유 서비스도 여기에 포함되지요.

  공유 경제는 많은 사람이 편리하고 평등한 삶을 누리게 해 줄 거예요. 예를 들어 차를 구매하기 어려운 사람들이 적은 돈을 지불하고 필요할 때 자동차를 나누어 쓰는 것처럼요.

  공유 서비스와 자율 주행차를 대중교통과 연결해 사용한다면 정체 시간은 줄고, 자동차 수는 자연스레 감소할 거예요. 자동차로 인한 다양한 문제도 차츰차츰 줄어들겠지요.

  실제로 대구 테크노폴리스에서 운행되고 있는 '달구벌자율차'는 스마트폰 앱으로 자동차를 호출해 원하는 곳까지 타고 내리는 수요 응답형 자율 주행차예요. 이 차는 사람을 태우고 이동시키는 여객 서비스는 물론, 생활 물류 배송까지 서비스를 확대했어요.

공유 문화와 공유 경제의 목표는 누구나 아름답고 행복한 삶을 누리도록 하는 거예요. 이러한 뜻을 담아 시도한 미래 지향적인 구상 중 하나가 바로 스마트 시티예요.

스마트 시티는 공유 서비스와 자율 주행 기술이 구축되고 실현되는 도시를 말해요. 공유 서비스와 자율 주행 기술이 합쳐진 모빌리티 혁신을 통해 다양한 사회 문제를 해결하고자 구상한 도시지요.

스마트 시티는 장애인이나 노인 등 운전하기 어려운 교통 약자들에게 큰 도움을 줄 수 있어요. 장애가 있는 어린이가 제시간에 등하교할 수 있도록 돕거나 거동이 쉽지 않은 사람을 예약한 시간에 맞게 병원까지 데려다주고 집으로 다시 데려오는 것처럼요.

기술은 우리가 상상하는 것 이상의 속도로 발전하고 있어요. 스마트폰만 해도 누군가에게는 만화책에서나 볼 수 있던 물건이었지만 어느 순간 현실이 되었잖아요? 이제 공유 서비스와 자율 주행 기술은 지구를 살리는 일을 넘어 우리 모두의 삶을 윤택하고 행복하게 만들어 줄 거예요.

자율 주행 기능을 뛰어넘어 사람의 감정을 읽는 자동차가 등장할 날도 오래지 않을 거예요. 그때가 되면 우리의 삶과 도시의 풍경은 더욱 새롭게 변하겠지요? 그 변화는 인류의 삶을 더 자유롭고, 안전하고, 건강하고, 편리하고, 평등해지도록 만들어 줄 거예요.

변화는 인류를 더 <u>자유롭고 안전하고 건강하고 편리하고 평등하게</u> 할 거예요.

지구를 살리는 다양한 모빌리티

　하늘을 나는 건 인류의 오랜 꿈이었어요. 이를 실현해 준 것이 바로 비행기였지요. 비행기는 날개가 없는 사람도 새처럼 하늘을 자유롭게 날 수 있도록 했어요. 인류의 오랜 꿈을 이루어 준 거예요.

　꿈을 이루었지만 아쉬움이 없는 것은 아니에요. 비행기는 아무 때나 자유롭게 탈 수 없다는 제약이 있거든요. 비행기를 타려면 예약도 해야 하고, 공항까지 가야 하는 번거로움이 있어요. 복잡한 과정 없이 언제든지 자유롭게 하늘을 날 수 있다면 정말 좋을 텐데 말이에요.

　여기 인류의 오랜 꿈을 진짜로 실현시켜 줄 모빌리티가 있어요. 바로 플라잉 카예요. 미국은 2005년부터 미래 교통과 관련된 연구 기관을 설립해 에어 택시, 드론 택시 같은 플라잉 카의 개발을 추진하고 있어요. 유럽은 2011년부터 플라잉 카 개발에 뛰어들었지요. 우리나라는 미국이나 유럽보다 다소 늦은 2020년에 한국형 도심 항공 교통 발전 계획을 발표하고 2025년에 상용 서비스를 실시하겠다는 계획을 세웠어요.

영화에서만 보던 드론 택시를 실제로 타다니 꿈 같아~!

　이제 곧 우리나라에서도 하늘을 나는 에어 택시와 드론 택시를 볼 수 있을 거예요. 미래 예측 보고서에 따르면 플라잉 카를 이용하는 사람이 2030년에는 1,200만 명, 2050년에는 4억 5,000만 명에 이를 것이라고 해요.

　에어 택시와 드론 택시가 상용화되면 서울에서 인천 공항까지 자동차로 1시간 걸리던 것이 20분으로 단축될 거예요. 이동 시간이 줄면 일상생활에도 큰 변화가 생기겠지요? SF영화에서 보았던 꿈만 같은 세상이 현실이 될지도 몰라요.

　하늘을 나는 자동차나 헬기형 자동차 등은 이미 상용화를 앞두고 있어요. 전기 에너지를 사용하는 전기 항공기에 대한 기술 개발도 활발하게 이루어지고 있고요. 앞으로 기술이 더욱 발전하면 더 다양한 모빌리티가 공중을 누비며 활약할 거예요.

해상에서 활약할 모빌리티도 있어요. 수소 연료 전지를 사용하는 수소 추진 선박이에요. 삼성중공업은 국내의 다양한 업체 및 연구 기관과 함께 선박용 수소 연료 전지와 액화 수소 저장 탱크를 개발했어요. 울산시에서도 40여 명을 태울 수 있는 소형 수소 선박을 인증받았지요. 수소를 이용한 친환경 선박은 탄소 제로를 향해 한층 더 가까이 다가서게 해 주고 있어요.

모빌리티 기술이 발전하면서 친환경 모빌리티에 도움을 주는 특별한 바퀴도 등장하고 있어요. 자가 발전 바퀴나 이끼를 이용한 바퀴 등은 에너지를 절약하고 환경을 보호하는 데 도움을 주는 착한 타이어랍니다.

자가 발전 바퀴는 자동차 바퀴가 회전할 때 발생하는 운동 에너지를 이용해 전기를 만들어 내는 바퀴예요. 이렇게 만들어진 전기는 자동차가 운행할 때 사용되지요.

이끼를 이용한 바퀴는 바퀴 안쪽에 이끼를 달아 이끼가 산소를 내뿜도록 한 타이어예요. 일본의 한 업체가 도쿄 모터쇼에서 공개한 '옥시젠'은 휠 옆면에 설치한 이끼가 도로의 수분을 흡수해 광합성하며 산소를 배출하도록 했어요.

우리나라 타이어 업체에서도 공기 정화 필터를 내장해 미세 먼지 등을 걸러 내도록 한 콘셉트 타이어를 선보이기도 했지요.

지구를 살리는 모빌리티는 앞으로 미래가 밝은 유망 산업이에요. 이와 연관된 직업이나 사업도 유망하지요. 차량 공유 서비스인 카 셰어링과 연계해, 하나의 앱으로 출발지에서 목적지까지 한 번에 예약하고 결제하는 통합 모빌리티 서비스, 전동 킥보드를 이용한 라스트 마일 서비스, 배송 시간을 줄여 온라인 쇼핑 산업을 활성화할 라스트 마일 배송, 자율 주행차의 운행을 돕는 고정밀 지도 HD맵 등은 모빌리티의 발전과 함께 더욱 성장할 것으로 주목받고 있어요.

지구를 위해 달리는 미래의 모빌리티가 땅과 하늘 그리고 물 위를 마음껏 누비고 다니는 세상이 하루빨리 오면 좋겠다고요? 우리 모두 그날을 반갑게 맞이하도록 해요.

이제 전국은 모빌리티 사회

우리나라는 세계의 흐름에 맞춰 전국 곳곳에 지구를 살리는 모빌리티가 자리 잡을 수 있도록 이끌고 있어요. 이를 위해 '규제자유특구'를 지정했는데, 규제자유특구란 '규제가 없는 곳'을 뜻해요.

규제자유특구로 지정된 곳은 규제 없이 신기술을 마음껏 개발할 수 있어요. 이곳에서는 신사업을 비교적 자유롭게 펼칠 수 있어서 투자가 늘고 양질의 일자리가 증가할 수 있어요. 지역 경제가 자연스레 발전하는 기틀이 마련되는 것이지요. 그럼 어떤 지역에서 지구를 살리는 모빌리티 사업을 펼치고 있는지 알아볼까요?

충청남도는 수소 에너지 도시를 꿈꾸고 있어요. 가정용과 건물용 수소 연료 전지 발전 시스템을 구축하고, 수소 충전 시스템을 세우며 수소 드론의 장거리 비행이 가능한 도시를 만들겠다는 각오를 밝혔어요.

세종특별자치시는 국내 최초로 자율 주행차 상용화 거점 도시로 성장하겠다는 목표를 세웠어요. 우리나라에서 가장 먼저 자율 주행차가 맘껏 달리는 도시를 만들겠다는 계획을 구상한 것이지요.

전라북도는 중대형 상용차와 초소형 특장차의 친환경화를 꿈꾸고 있어요. 버스나 트럭 같은 상용차와 승용차보다 작은 탈것을 친환경화하겠다는 계획을 세웠어요.

전라남도는 e-모빌리티를 계획하고 있어요. 택배 자동차가 제시각에 택배를 원활하게 배달하고, 버스와 지하철 같은 대중교통이 막힘없이 제때 출발하고 운행하는 도시를 구상하고 있지요.

광주광역시는 무인 저속 특장차가 달리는 도시를 계획했어요. 사람이 타지 않은 자동차가 도로변의 생활 폐기물을 수거하고, 도로를 깨끗하게 청소하는 도시로 만들겠다는 계획을 세웠지요.

경상북도는 배터리 리사이클링 도시를 계획하고 있어요. 전기 자동차가 사용하는 배터리는 얼마간 사용하면 교체해야 하는데, 이것이 환경 오염을 일으켜요. 경상북도에서는 다 쓴 전기 자동차 배터리를 재사용하고 재활용할 수 있는 기술을 발전시켜 나가겠다고 밝혔어요.

경상남도는 해양 도시답게 미래의 조선 산업을 이끌어 나갈 도시를 꿈꾸고 있어요. 이를 위해 선박의 무인화를 이루고, 무인 선박을 자율 운항케 하겠다는 목표에 따라 해상 실험을 실시하며 상용화를 앞당기고 있어요.

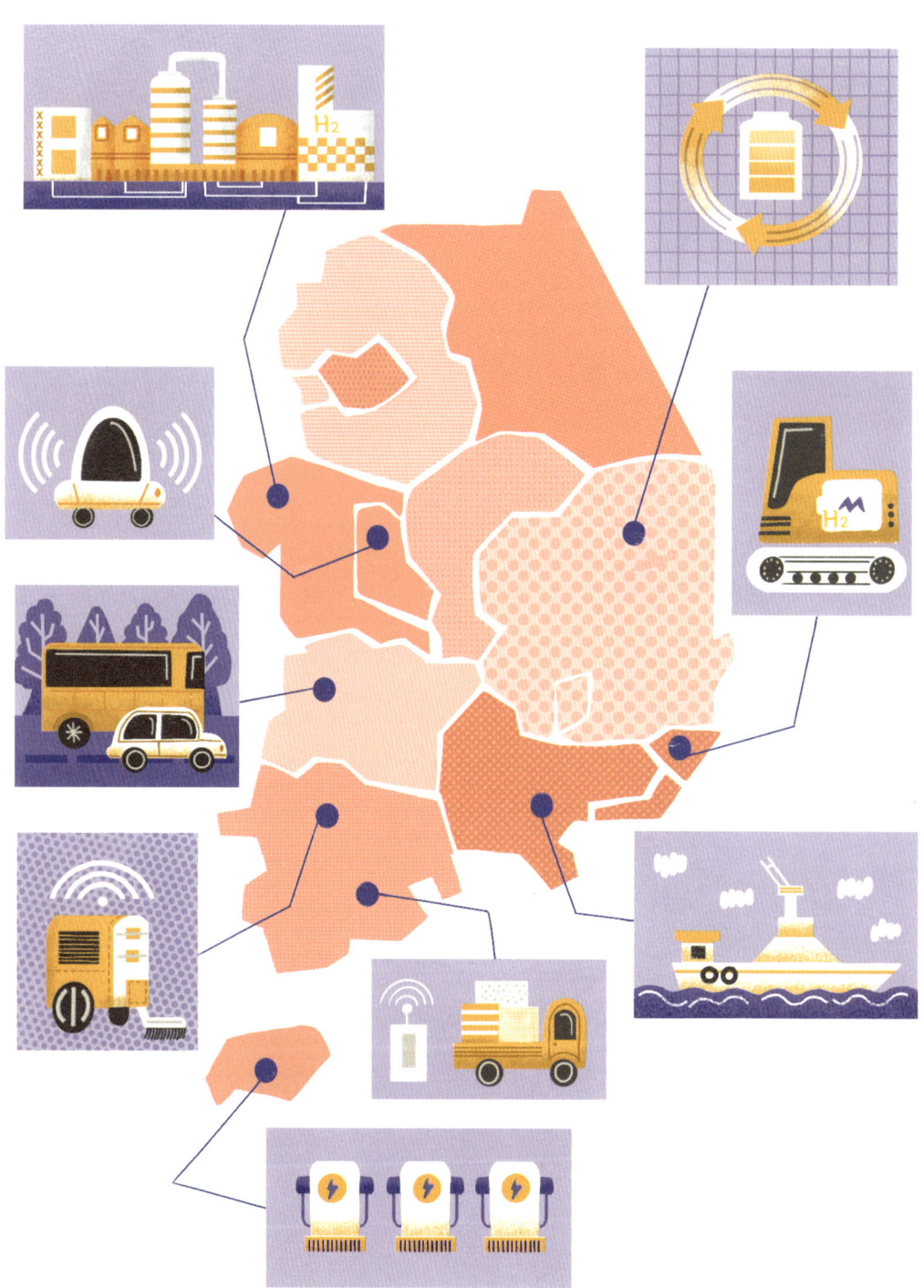

울산광역시는 수소 그린 모빌리티를 구상하고 있어요. 수소 연료 전지를 장착한 무인 운반 자동차, 지게차, 대용량 트레일러 등이 도로를 마음껏 내달리는 도시를 구상하고 있지요.

제주특별자치도는 전기 자동차 충전 서비스에 관심을 갖고 있어요. 충전 시간 단축, 이동식 충전기 활용 같은 사업을 통해 전국 최고의 전기 자동차 충전 도시가 되는 꿈을 꾸고 있어요.

우리나라 곳곳에
지구를 살리는 모빌리티가
자리 잡고 있어요.

21세기의 시대적 사명

지금껏 우리는 자동차가 지구에 미친 영향과 앞으로 자동차가 나아가야 할 방향 그리고 미래의 모빌리티에 대해 알아보았어요. 그 과정에서 각종 공해 물질로 멍든 지구의 오늘과 내일에 대해 생각해 보았지요.

세계는 지구를 살리기 위해 힘을 합쳐 노력하고 있어요. 전기 자동차와 수소 자동차처럼 공해를 유발하지 않는 차가 미래의 모빌리티가 되어야 한다는 데에 뜻을 모은 것도 다 같은 이유 때문이지요.

지구를 살리기 위한 노력이 결실을 맺으려면 단순히 뜻만 모아선 안 돼요. 전 세계가 함께 옹골지게 실천해 나가야 하지요.

미국, 유럽, 일본, 중국 등 세계 각국은 이산화 탄소 같은 온실가스의 배출을 억제하기 위해 탄소 중립을 실천하고, 친환경 자동차 산업을 전략적으로 육성하고 있어요. 또 각 나라에 맞는 주력 차종을 발굴하고, 기술 개발에 자금을 지원하고 있지요. 전기 자동차와 수소 자동차를 구입하는 사람에게 보조금을 지원하거나 세금 혜택을 주는 등 적극적인 보급 정책도 펼치고요. 이러한 흐름은 21세기의 시대적 사명이 되었어요.

지구를 살리는 미래 모빌리티로써 전기 자동차와 수소 자동차를 안전하고 빠르게 보급하려면 두 가지를 동시에 추진해야 해요.

하나는 전기 자동차와 수소 자동차의 수를 늘리는 거예요. 우리나라는 2025년까지 전기 자동차는 약 110만 대, 수소 자동차는 약 20만 대를 보급할 계획이라고 해요.

다른 하나는 노후한 디젤 자동차를 전기 자동차나 수소 자동차로 전환하는 거예요. 생산한 지 오래된 디젤 자동차는 가솔린 자동차보다 미세 먼지와 온실 가스를 훨씬 많이 배출해요. 우리나라는 2024년까지 노후 디젤 자동차의 제로화를 추진하고 있어요. 2025년부터 4등급 디젤 자동차는 서울의 녹색 교통 지역에서 달릴 수 없다고 해요. 이를 위해 정부는 보조금을 지원해 조기 폐차를 유도하고, 연료를 휘발유나 경유에서 액화 석유 가스(LPG)로 전환할 계획이지요.

단, 보조금은 친환경 자동차가 많아지면서 정부와 지자체에서 지원해 주는 액수가 점점 줄고 있어요. 국민 세금인 보조금을 언제까지나 친환경 자동차 구입에만 지원할 수는 없으니까요. 이는 전 세계적인 추세예요.

환경 오염의 원인으로 지목되었던 자동차가 친환경 자동차로 탈바꿈하며 이제는 지구를 살리는 주역으로 우뚝 서고 있어요. 하지만 여전히 지구는 온난화로 인해 고통받고 있어요.

중국의 5월 기온이 섭씨 40도를 넘고, 미국 동부 지역의 2월 체감 기온이 섭씨 영하 80도 가까이 내려갔어요. 캐나다에서는 봄에 시작한 산불이 여름까지 이어졌지요. 우리나라는 어떻고요? 농작물 재배 지역이 북상해 충청도와 강원도에서 사과를 재배하고, 남해 지방에서도 감귤을 재배할 수 있게 되었어요. 어류 서식지가 달라져 오징어와 고등어는 잡기 쉽지 않지요.

지속 가능한 지구를 위해 우리는 이산화 탄소의 배출을 더 줄이고, 지구 환경을 지킬 수 있는 다양한 소재를 개발하기 위해 박차를 가해야 해요. 이러한 취지를 살리고 펼치기 위해 지금도 공학자들은 땀 흘려 연구하고 있지요.

우리도 함께 마음을 다져 봐요. 친환경적으로 살겠다는 마음을요. 친환경 자동차도 좋지만 가까운 곳은 걷거나 자전거를 타는 게 어때요? 우리의 삶을 지구를 살리는 쪽으로 바꿔 보는 거예요. 이러한 흐름은 이제 거스를 수 없는 변화가 되었어요. 우리 모두 미래 자동차와 함께 지구를 살리는 노력에 함께해요!

| 환경 탐정 끆와 공학특공대 |

미래 모빌리티로 지역을 혁신하자!

우리나라 정부에서 규제자유특구의 성과를 발표했다던데? 2023년까지 진행된 주요 성과는 어떠냐끆?

수소 충전 대상을 수소 충전 검사 장비까지 확대해 사업화할 수 있도록 했습니닷! 또 자율 비행 관제 기술, 전기 자동차 충전 기술 등으로 여섯 개의 혁신상을 수상하는 성과를 거두었습니닷!

상을 받았다니, 부럽다끆!

무인 이동체 관제 플랫폼 관련 기술 혁신으로 21년부터 23년까지 3년 연속 수상하고, 차세대 전기 자동차 충전 인프라 기술로 22년에 두 개의 혁신상과 2023년에 세 개의 혁신상을 수상했습니닷!

오호, 잘했다뀨!

코로나19라는 전 세계적인 경제 침체 기간 중에도 2019년부터 2022년까지 4조 114억 원을 투자 유치하고, 1,069억 원의 매출을 기록했습니닷. 또 다양한 일자리를 창출해 3,794명이 새롭게 일하게 되었습니닷.

캬~ 계속 이렇게 높은 성과를 거둔다면 우리나라 전 지역에 혁신의 바람이 불겠다뀨!

광주광역시 규제자유특구 사업인 무인 노면 청소 차량

# 참고 자료

- 『공학에 빠지면 세상을 얻는다』 서울대학교 공과대학 글, 동아사이언스, 2005
- 『보이지 않는 오염물질, 미세먼지』 송은영 글, 송선범 그림, 주니어김영사, 2018
- 『사람이 알아야 할 모든 것: 과학』 존 그리빈 글, 강윤재·김옥진 옮김, 들녘, 2010
- 『10대에게 권하는 공학』 한화택 글, 글담출판, 2020

- 「모빌리티가 도대체 뭐야?」 임현우, 한국경제, 2019.01.15.
- 「미래의 친환경차… '스마트카' 먼 일 아니다」 최기성, 매일경제, 2012.03.26.
- 「우리는 자동차가 하늘을 나는 시대에 살고 있습니다」 김아람, 동아일보, 2022.02.04.
- 「유럽우주국 "아마존 산불 이후 일산화탄소 등 대기오염도 급증"」 김병수, 연합뉴스, 2019.09.10.
- 「전고체 배터리로 '한방' 노리는 도요타」 윤형준, 조선일보, 2021.03.09.
- 「전국이 미래 친환경 모빌리티에 주목하다」 이근우, 전기신문, 2020.01.07.
- 「전기 트럭이냐, 수소 트럭이냐 친환경차 '최후의 전쟁'」 임경업, 조선일보, 2022.02.21.
- 「하늘 나는 택시 선점 경쟁 치열"…기업들 합종연횡 가속화」 이진영, 뉴시스, 2022.02.08.
- 「하이브리드 자동차의 역사」 이다일, 경향신문, 2011.03.18.
- 「5년 뒤면 '에어 택시' 탈 수 있다고?」 박찬규, 머니S, 2020.07.10.
- 「K-모빌리티, 탄소 중립 목표에 다가서다」 김은영, 사이언스타임즈, 2021.04.29.

- 「규제를 혁신하니 지역도 혁신되다」 규제정보포털, 2023
- 「규제자유특구」 중소벤처기업부, 2022
- 「기원전부터 시작된 탈것의 발전-자동차의 역사」 현대자동차그룹, 2014
- 「상상도 못한 자동차 연료?! 맹물도 잘 쓰면 차를 달리게 합니다!」 한국타이어, 2020
- 「스마트 모빌리티 미래의 교통을 바꾼다」 삼성디스플레이 뉴스룸, 2020
- 「어릴 때부터 시작하는 2050 탄소 중립」 대한민국 정책브리핑, 2022
- 「얼마나 알고 있니 친환경 자동차의 종류」 영현대, 2017
- 「이산화 질소 독성 정보」 식품의약품안전평가원
- 「이제는 알고 싶다! 전기차에 대한 오해와 진실」 한국타이어, 2021
- 「친환경 미래 모빌리티·탄소 중립」 환경부
- 「친환경 상용차 미래 모빌리티의 발전 가능성을 안고 달리다」 현대자동차그룹, 2020

- 「탄화수소 중독」 MSD 매뉴얼
- 「하이브리드부터 수소차까지! 친환경차의 종류와 특징은?」 한국타이어, 2021
- 「환경부, 친환경 미래 이동 수단(모빌리티) 보급에 박차」 대한민국 정책브리핑, 2020
- 「환경을 지키기 위한 글로벌 기업들의 노력」 한국타이어, 2021
- 「Every Electric Vehicle That's Expected in the Next Five Years」 CAR AND DRIVER, 2022
- 「Fuel Cell Electric Vehicle The Innovative Clean Mobility Technology」 현대자동차그룹
- 「How Do All-Electric Cars Work」 미국 에너지부(DOE)
- 「Hydrogen Fuel Cell Vehicles」 미국 환경보호국(USEPA)